一看就懂的科特勒营销学全图解

升级版

李智朋◎著

北京理工大学出版社
BEIJING INSTITUTE OF TECHNOLOGY PRESS

图书在版编目（CIP）数据

一看就懂的科特勒营销学全图解：升级版 / 李智朋著 . -- 北京：北京理工大学出版社，2015.10

ISBN 978-7-5682-1278-6

Ⅰ . ①一… Ⅱ . ①李… Ⅲ . ①市场营销学 – 图解 Ⅳ . ① F713.50-64

中国版本图书馆 CIP 数据核字（2015）第 214748 号

出版发行 / 北京理工大学出版社有限责任公司
社　　址 / 北京市海淀区中关村南大街 5 号
邮　　编 / 100081
电　　话 /（010）68914775（总编室）
（010）82562903（教材售后服务热线）
（010）68948351（其他图书服务热线）
网　　址 / http://www.bitpress.com.cn
经　　销 / 全国各地新华书店
印　　刷 / 北京恒石彩印有限公司
开　　本 / 880 毫米 ×1230 毫米　1/32
印　　张 / 6.5
字　　数 / 170 千字
版　　次 / 2015 年 10 月第 1 版　2015 年 10 月第 1 次印刷
定　　价 / 31.80 元

责任编辑 / 刘永兵
文案编辑 / 刘永兵
责任校对 / 周瑞红
责任印制 / 李志强

目录

第1篇 营销学的意义与重要性

第2篇 营销企划

第3篇 营销策划与战略执行步骤

第4篇 客户满意度与建立客户关系

第5篇 产品

第6篇 定价

第7篇 营销沟通

第8篇 零售商和批发商

第9篇 直复营销和在线营销

第10篇 全球营销和全球市场

使用说明书

这是一本专门为科特勒的《市场营销学》的初学者编写的书籍。全书总共10个篇章，学习者可以由浅及深、循序渐进地轻松掌握科特勒在《市场营销学》中所讲的知识。

为了便于理解，节省读者的宝贵时间，本书特将复杂的知识简单化。在内容上，尽量将专业的知识通俗化；在页面设计上，完全采用简

大标题

每个篇章都有几个大标题，大标题揭示该篇要学习的知识。每个大标题为初学者揭示了一个知识要点。

前言 引文

对将要学习的知识要点给予简明精要的说明，并对其重要性及其影响因素做了说明。

Easy-going

一针见血地指出需要注意的事项，提供一些经验诀窍或相关建议。

小故事

每篇都有几个与大标题相关的事件或小故事，以增加初学者的学习兴趣。

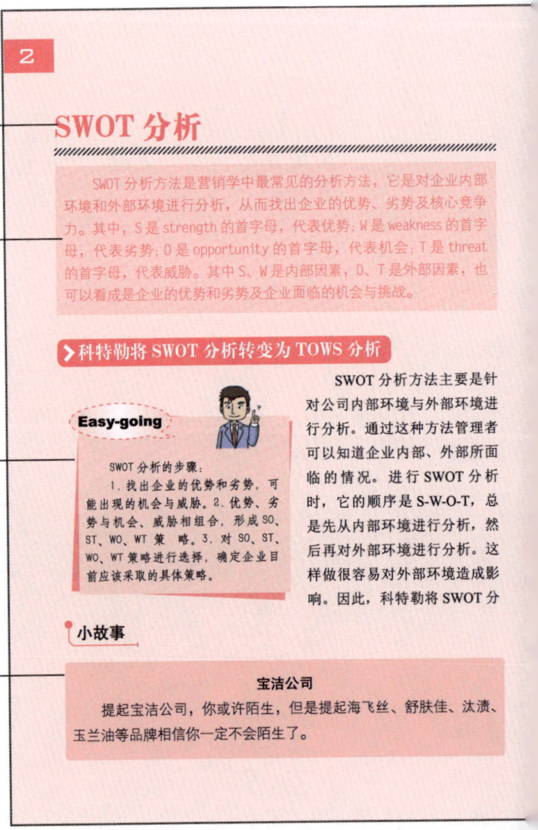

2

SWOT 分析

SWOT 分析方法是营销学中最常见的分析方法，它是对企业内部环境和外部环境进行分析，从而找出企业的优势、劣势及核心竞争力。其中，S 是 strength 的首字母，代表优势；W 是 weakness 的首字母，代表劣势；O 是 opportunity 的首字母，代表机会；T 是 threat 的首字母，代表威胁。其中 S、W 是内部因素，O、T 是外部因素，也可以看成是企业的优势和劣势及企业面临的机会与挑战。

科特勒将 SWOT 分析转变为 TOWS 分析

SWOT 分析方法主要是针对公司内部环境与外部环境进行分析。通过这种方法管理者可以知道企业内部、外部所面临的情况。进行 SWOT 分析时，它的顺序是 S-W-O-T，总是先从内部环境进行分析，然后再对外部环境进行分析。这样做很容易对外部环境造成影响。因此，科特勒将 SWOT 分

Easy-going

SWOT 分析的步骤：

1. 找出企业的优势和劣势，可能出现的机会与威胁。2. 优势、劣势与机会、威胁相组合，形成 SO、ST、WO、WT 策略。3. 对 SO、ST、WO、WT 策略进行选择，确定企业目前应该采取的具体策略。

小故事

宝洁公司

提起宝洁公司，你或许陌生，但是提起海飞丝、舒肤佳、汰渍、玉兰油等品牌相信你一定不会陌生了。

单明了的学习界面，配以图解辅助解释复杂的概念。另外，本书还配有大量与知识相关且趣味性十足的小故事，可以让您学习兴趣倍增。总之，拥有此书，科特勒《市场营销学》一书所讲知识您将轻松掌握。

颜色区别

为方便学习者随时随地迅速地查阅相关知识，本书不同的篇章采用不同的颜色予以标示。

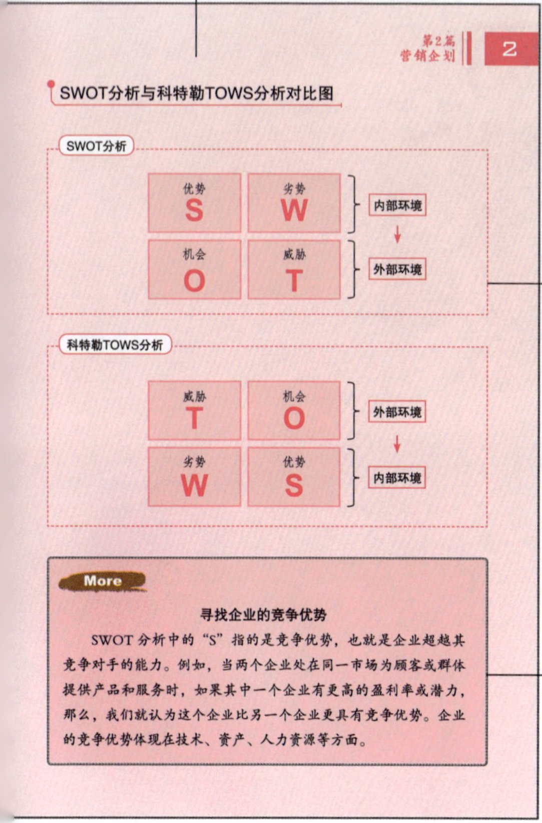
第2篇 营销企划 2

SWOT分析与科特勒TOWS分析对比图

More

寻找企业的竞争优势

SWOT分析中的“S”指的是竞争优势，也就是企业超越其竞争对手的能力。例如，当两个企业处在同一市场为顾客或群体提供产品和服务时，如果其中一个企业有更高的盈利率或潜力，那么，我们就认为这个企业比另一个企业更具有竞争优势。企业的竞争优势体现在技术、资产、人力资源等方面。

图解

为了让读者更容易理解书中概念，本书运用逻辑拆解法将概念间的关系做成图表分析的形式。

More

对前文无法详细说明的重要内容，在此进行详细说明。

第1篇

营销学的意义与重要性

我们经常会听到“营销”这个词语，营销是什么？销售就是营销吗？你对营销到底了解多少？赶快进入第一篇吧，让自己对营销有一个全面的、正确的理解。

本篇教你：

- 了解科特勒对营销所下的定义
- 了解营销学的核心概念
- 了解科特勒对市场营销的趋势分析
- 了解现代营销人员应具备的技能

营销学的定义

早在人类出现之初，营销就已经出现。如今在我们的生活中，营销随处可见，但是大多数人却把它与销售混为一谈，对于它真正的意义了解甚少。本节中我们将重点介绍科特勒对营销下的定义。

营销的一般定义

营销是关于企业如何发现、创造和传送价值，以满足一定目标市场的需求，并最终让组织与利益关系人受益的一种组织功能。它同时是一门获取利润的学科。

科特勒对营销所下的定义

被誉为“现代营销学之父”的美国当代营销学大师菲利普·科特勒对营销有他自己独特的理解。他认为营销是一种个人和团体创造商品和服务与他人交换的过程，是满足需要和欲望的管理方式。科特勒认为营销是建立在心理学、社会学和经济学等诸多学科之上，满足个体需要的最好方式。它不仅是一门应用学科，还是一门艺术和技术。

同时，科特勒对营销的核心概念进行了描述：“市场营销是个人或群体通过创造，提供并同他人交换有价值的产品，以满足各自的需要和欲望的一种社会活动和管理过程。”在这个核心概念中，科特勒强调了一系列的概念，分别是：需要、欲望、产品、价值和满足、交换、市场营销等。科特勒将其比喻成一种社会活动，营销者不仅包括营利性组织还包括非营利性组织。

Easy-going

营销人员用商品的使用价值交换顾客手里的货币，顾客用货币交换商品的使用价值。

营销学的定义

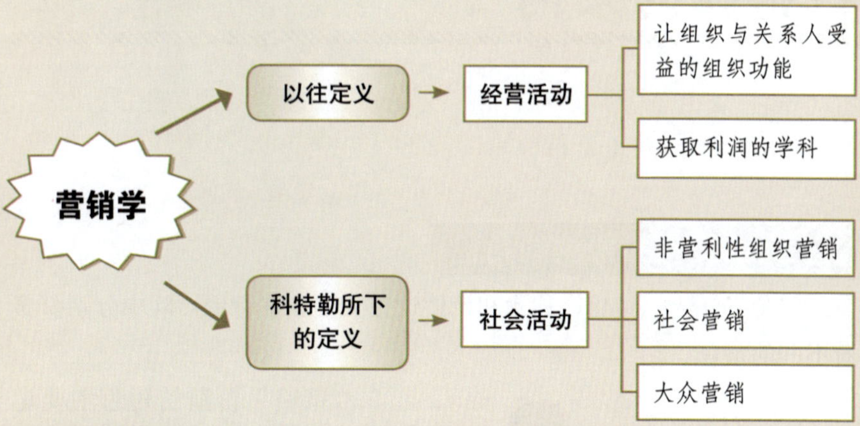

反营销

反营销就是对现阶段的企业供给能力与顾客的需求进行控制的营销方法，最终达到抑制需求的目的。

More

现代营销学之父——科特勒

在营销界一提到菲利普·科特勒无人不知，他的地位堪比经济学之父高伯端。科特勒先是获得了芝加哥大学的硕士学位和麻省理工学院的博士学位，之后又在芝加哥大学做博士后，研究行为科学。1962 年，他开始在凯洛格管理学院执教，并开始营销学的研究，之后他一步一步走向营销学的顶峰。

科特勒一直致力于营销战略与规划、营销组织及社会营销等方面的研究。他创造的“反向营销”和“社会营销”等概念，被人们广泛应用和实践。

科特勒的架构

科特勒通过研究策略、战术、价值三方面的要素，将它们作为一套独特的步骤来展开营销学。

三大前提要素扮演的角色

科特勒认为，策略、战术和价值这三大要素在营销活动中分别扮演着不同的角色。

“策略”扮演的角色主要是取得消费者的心象占有率，换句话说，就是消费者在购买商品时，头脑中出现的生产该类产品的企业的概率。比如说顾客A想要买一台笔记本电脑，如果在A头脑中最先想到的企业是联想，就说明联想公司在A那里取得了很高的心象占有率。

Easy-going

根据统计公司IDC提供给Engadget的最新数据，三星手机在中国的销量依然保持强劲的势头。2013年第四季度，这位手机界大佬以19%的市场占有率在中国大陆名列榜首，联想以13%的占有率紧随其后，酷派位列第三，占有率为11%。而在2011年有着29.9%市场占有率的诺基亚，则占有率下降很多，未来发展优势并不乐观。

调查结果发现，消费者的心象占有率相对应市场占有率，有越来越相近的趋势。换句话说，心象占有率逐渐反映消费者的市场表现。例如，我国台湾啤酒2011年以55.9%的心象占有率居首位，将居第二位的海尼根远远抛在后面，其在台湾啤酒市场的表现也相应地稳坐龙头地位。

“战术”扮演的角色主要是企业的市场占有率，也就是企业在市场上的地位及优越性。比如2010年，联想在中国一体电脑市场占有率排名第一。

“价值”扮演的角色主要是偏好占有率，也就是通过营销，让消费者达到偏爱企业的目的。比如，中国的海尔集团凭借高科技的产品和优质的售后服务，赢得了全球消费者极高的偏好占有率。

三个营销要素

科特勒将这三大要素组成营销学的基本架构，并在这三大要素前提之下建立了九种核心营销模式。

一是策略：市场区隔、选择目标市场、市场定位

二是战术：差别化、贩卖活动、营销沟通组合

三是价值：品牌、服务、过程

简单地说，第一步策略也就是选择方向和市场定位，第二步战术就是为市场活动所做的准备，第三步价值就是为市场活动所做的服务。

科特勒的营销要素分类

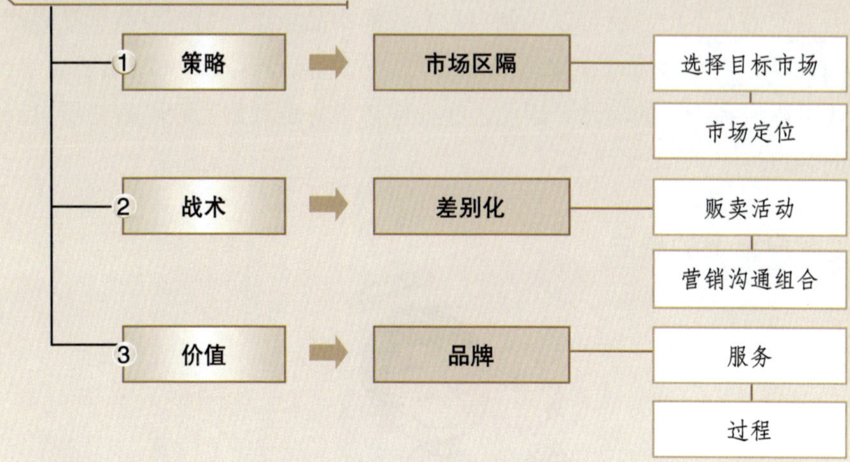

More

有的企业市场定位的范围狭小，没有推行大众化的产品，但这不影响它们的成功。比如很多手机商家推出女性手机、老人手机等；药品厂家生产儿童药品、老人药品等；电脑公司推出学生上网本；中国移动推出学生套餐等，都是产品定位营销活动的典型。

客户至上

市场上的产品、厂商日益增多，说明如今早已由产品短缺转变为客户短缺，因此满足客户的需求将是企业首要考虑之处。而营销学的使命便是针对客户的需求做出相应的回应和贡献。科特勒营销学的基本思想就是客户至上。

通过互联网拓展客户

如今商品日益增多，市场出现细致化倾向，消费者开始寻找能够达到自我满意的商品。他们不用和以往一样，走遍众多的店铺进行比较，因为他们足不出户就可以买到自己心仪的商品。这一切都得益于互联网的普及。消费者可以在家里或者公司，在电脑上输入相关网站的名字，便可以得到需要的信息。因此，企业应该很好地利用互联网来拓展自己的客户。

客户至上的想法

互联网的普及，顾客有了更多的选择。企业必须做到客户至上才是明智的选择。

落实客户至上的企业就是赢家

科特勒认为，客户至上的理念必须落实到管理阶层以下的所有人心中才行。因为一线人员直接接触顾客，他们能让消费者感觉到企业是否秉承客户至上的想法。如今企业只有落实客户至上的理念，才能在激烈的市场中生存，否则将会被淘汰。

我们经常会听到这样的话："顾客就是上帝""顾客没有错，就算顾客有错也是我们的错"……

从这些话语中，我们可以看到，在现代经济社会，企业的服务意识越来越强，服务的地位越来越高。无论是对服务性的行业，还是生产性的行业来说，"顾客至上"的理念，都显得越来越重要和必要。

Easy-going

客户可以访问购物代理网站，像 buy.com 或是 mysimon.com 来查看商品在各个购物网站的价格。客户只需要拖动一下鼠标便可以得到自己想要了解的信息。

但是客户至上并不是纸上谈兵，光说说就可以，需要企业付诸实际

小故事

美国最大的网络电子商务公司亚马逊公司就是一家秉承客户至上理念的公司。公司处处为客户着想，为客户创造方便快捷、安全有效的个性化服务。

用户只要在亚马逊网站购买一次书，其通信地址和信用卡账号就会被安全地存储下来。等到顾客下回再购买时，只要用鼠标点一下货物，网络系统就会帮助客户完成以后的所有手续。亚马逊还会利用软件收集顾客的爱好和购物历史等方面的信息，随时为顾客提供建议。另外，在会员用户及售后服务等方面，也会为顾客做好体贴的服务。亚马逊实实在在地为客户着想，使它在顾客中建立了很高的信任度和忠诚度，也为它带来了更高的营业额。

行动。比如，有的企业采取如下的行动去落实顾客至上的理念：

客户的问题第一时间处理，努力成为顾客的忠实合作者；

关注客户的需求，不推荐客户不需要的产品或服务；

与顾客建立长期亲密关系，着眼于未来，为企业赢得良好的口碑；

重视客户服务，没有服务意识的企业就是自取灭亡。

落实客户至上需要注意的几点

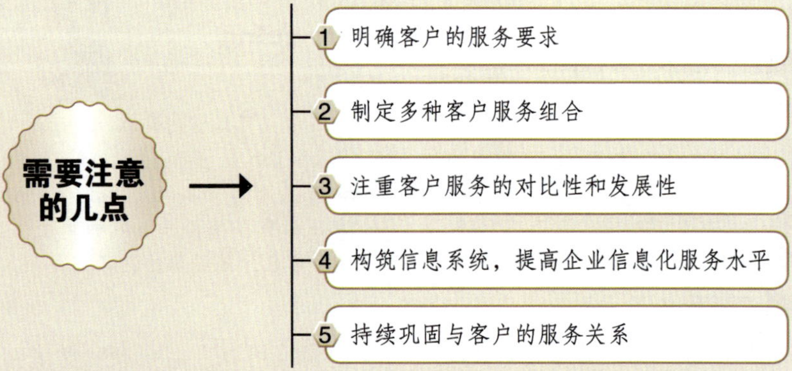

More

如今现代科技早已走进我们的生活，人们足不出户便可以逛遍大小商场。而不懂得利用网络拓展客户资源的企业，也将会逐渐被市场淘汰。紧跟时代步伐，很好地利用网络拓展市场，将会为企业带来更多的商机。

时下流行微博，不少的商家都开始利用微博进行商品营销。戴尔公司就很好地利用微博进行了商品营销，其公司在 Twitter 网站上注册了一个“@DellOutlet”的账号，很快便有超过 150 万名的追随者。戴尔公司每天有超过 100 名的员工发送微博消息给顾客。最近的数据显示戴尔公司通过微博获得了 650 万美元的收益，创造了一个网上销售的奇迹。

科特勒式的需要掌握

企业想要构建持久的顾客关系，那么很重要的一点就是提高顾客满意度。这也是建立顾客关系的基石，满意的顾客会为企业带来更多市场份额。

满足顾客的需要，是营销学中最重要的一项任务。本节我们将进一步了解现代管理之父德鲁克与营销学之父科特勒各自对需要的见解。

德鲁克关于需要的基本思想

德鲁克认为，只有顾客才知道自己和市场需要的是什么。因此，企业必须站在顾客的角度思考问题。这就需要企业用心了解顾客的需求，同时做出恰当的判断，这样企业才会获得更多的效益。

科特勒关于需要的见解

科特勒认为需要是有层次之分的。他站在营销的角度，将顾客的需

小故事

满足顾客需要的诺德斯托姆

诺德斯托姆百货商店完全懂得，让顾客感到舒适才能获得最大的利益。在诺德斯托姆，店员总是把顾客引领到试衣间而不是仅仅为顾客指一下路；店员总是提着顾客的购物袋殷勤地把顾客送到门口；诺德斯托姆的客户服务电话要求在响三声之内被接起；店员经常会给顾客寄去问候卡和感谢卡；在某位顾客偏爱的货物到达之后，店员会立刻打电话告知。几乎每位光临诺德斯托姆的顾客都会对那里独一无二的购物体验难以忘怀。

要分成不同的层次，然后再具体化。它主要包括：明说的需要、真正的需要、无法明说的需要、喜悦的需要、潜在的需要。

明说的需要，就是顾客购买过程中直接向营销者说出来的需要；

真正的需要，就是顾客购买产品的真正目的，即实际需要；

无法明说的需要，就是顾客购买产品后心里期待的需要；

喜悦的需要，就是顾客购买产品后，期待获得额外惊喜的需要；

潜在的需要，就是顾客购买产品后，期待周围人对此产品做出反应的需要。

比如说，在某超市，购买电冰箱的顾客有机会进行抽奖。顾客买了一台海尔电冰箱，他明说的需要是为蔬菜保鲜，而真正的需要是为肉制品和奶制品保鲜，无法明说的需要是期待电冰箱省电，喜悦的需要是可以参加抽奖，潜在的需要是希望周围的其他顾客对这台电冰箱做出积极的反应。

科特勒需要的层次化

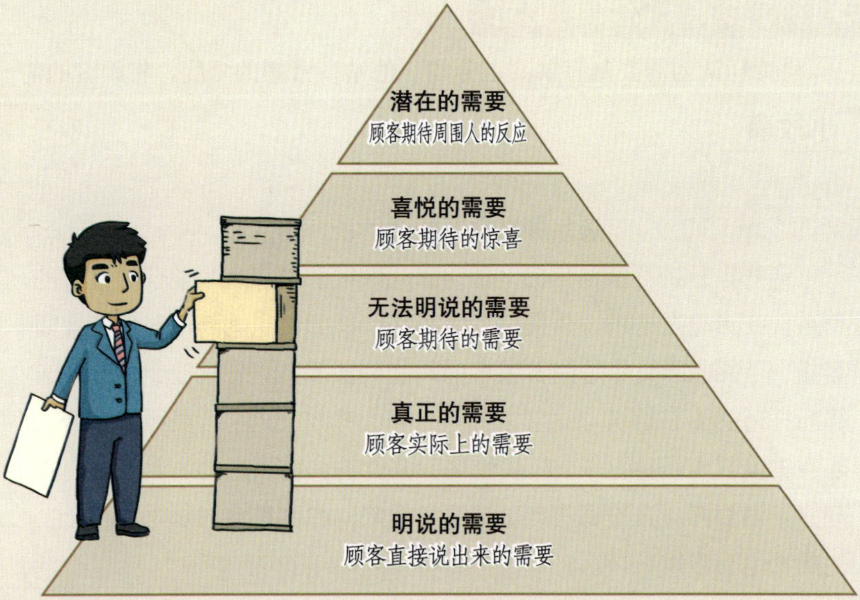

科特勒式的趋势掌握

洞察市场趋势在营销学中是非常重要的。目前营销学中多半采用科特勒的策略。本节中我们将介绍科特勒式的趋势掌握技巧。

目前营销的新趋势

科特勒认为营销的新趋势有：从“生产—销售”的模式转变为“感知—响应”的模式；从大众营销转变为顾客营销；从吸引顾客转变为挽留顾客；从市场占有率转变为顾客占有率；从交易营销转变为关系营销；从获得客户转变为客户保留和满足；从以产品为中心转变为以客户为中心。当然，营销的趋势会随着时代的转变而转变。企业要随时洞察市场的趋势才能不被激烈的市场竞争所淘汰。

营销的新趋势

“生产—销售”的模式	时代转变	“感知—响应”的模式
○大众营销	→	○顾客营销
○吸引顾客		○挽留顾客
○市场占有率		○顾客占有率
○交易营销		○关系营销
○获得客户		○客户保留和满足
○以产品为中心		○以客户为中心

现代社会飞速发展，企业对此做出的反应

曾有人说过：“世界上有三种企业，第一种是使事情发生的；第二种是看着事情发生的；第三种是惊叹事情发生的。”许多企业总是被动地

根据周围的环境变化而进行企业的营销调整，它们从没有试图改变它，这就是第二种和第三种企业。而有的企业则是以积极的姿态不断地根据环境变化调整着自己的营销环境，这就是第一种企业。

企业分析趋势与情境推演的重要性

企业要想紧跟时代的步伐，就必须注意趋势的变化，并且不断进行改变。要做到这一点，企业就必须时刻分析市场趋势，进而预测今后可能发生的状况。

成功的企业必须学会洞察趋势和进行前景规划，这些企业会任命一批人来观察趋势和进行企业前景规划。例如，荷兰皇家壳牌石油正是凭借专业人士的前景规划而赢利。

分析时代趋势的重要性

营销学的新领域

从市场营销的角度来看，产品包括有形产品、服务、人员、组织、观念或它们的组合，可以将它们归纳为八个字，即产品，价格，渠道、促销。由于它们翻译成英文开头的字母都是P，因此简称4P。

4P理论是著名的营销理论，它最初是由杰瑞·麦卡锡教授在其1960年左右出版的《营销学》一书中提出的。

未来应学习的技能

1. 4P理论

4P理论是指产品（Product）、价格（Price）、渠道（Place）和促销（Promotion）4种营销策略的组合。科特勒认为，现在的营销活动中必须巧妙地使用4P理论才行。例如在电视剧营销中就运用了4P理论。产品：电视剧由最初的正剧，到现在的喜剧；从原来的历史剧，到现在的秘史、戏说系列等。如今的偶像剧、古装剧、武侠剧、农村剧等丰富的题材，不仅满足了消费者的需求，也为电视台带来了不错的收视率。价格：电视剧也开始由观众的喜好定价。渠道：选择收视率和覆盖率高的电视台。促销：电视台大力宣传本台的电视剧，在报刊、广播、网络上投放关于电视剧开播时间、简要剧情介绍等内容的广告；或者在电视剧开播时，设置“有奖问答”等。这些都运用了4P理论。

2. 品牌架构

品牌架构就是考虑一个企业需要多少个品牌、品牌之间是什么关系。它贯穿于企业的整个市场策略之中。众所周知，品牌是无形资产，企业可以运用品牌达到持续增值。例如我们一谈到雀巢就会想到与营养有关，所以雀巢公司在发展旗下的其他品牌时，只要是和营养有关的部分都会用上“雀巢”这两个字。

3. 顾客关系管理

顾客关系管理是指针对销售、营销、顾客服务与支持等活动，利用软件以及相关科技的支持，使企业流程自动化并得到改善，简称 CRM。顾客关系管理在企业电子化过程中，是很重要的一环，它源于“以客户为中心”的商业模式，是一种改善企业与客户之间关系的管理机制。

4. 体验营销

体验营销是企业针对顾客的喜好，展开一定的营销策略。如星巴克咖啡就是抓住了消费者的心，而取得成功的例子。现在人们整天忙碌，每天面对的是城市的喧哗，因此人们都向往内心的安宁。星巴克店内宽敞的设计，以及舒适安静的环境，都会让顾客身心放松，完全忘记室外的喧嚣。

5. 资料库营销

资料库营销是在互联网与数据库技术发展的基础上兴起的一种市场营销手段，在市场营销中具有广阔的发展前景。资料库营销通过收集和积累有关消费者的大量信息，并对这些信息进行整理，来预测消费者购买某种产品的可能性，并利用这些信息对产品精准定位，有针对性地生产消费者需要、但目前市场上还没有出现的产品。

4P 理论之后营销学领域的重要变化

4P 理论之后，营销从大众营销逐渐转向市场细分营销，品牌建设和品牌资产管理的技术得到发展，网络营销得到很好的应用。

顶级营销的出现

顶级营销是指从顾客购买商品的那一刻起，商家便为其提供一系列的与商品有关的活动或服务。科特勒以汽车为例对其进行说明：商家会为顾客提供查询车种的服务，还会为顾客提供相关商家的搜寻服务，并为顾客提供汽车贷款和保险的参考资料。

营销学的新领域

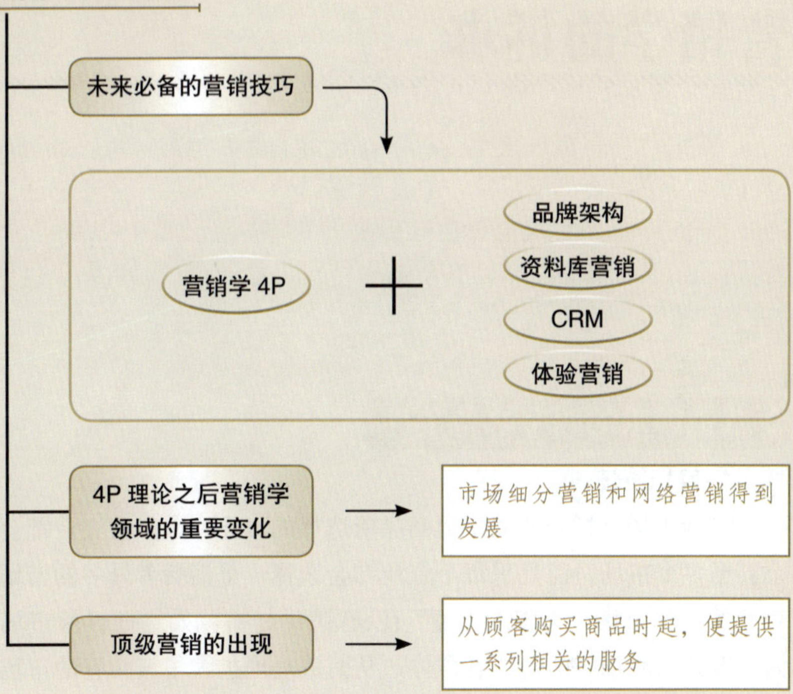

More

保持 4P 的重要性

4P，即产品、价格、渠道和促销。企业的一切营销运作都是在围绕着 4P 进行。企业通过四者的协调发展，提高企业的市场份额，达到获利的目的。尽管说事物都是在不断发展，但是营销的核心没有发生变化，企业运作的核心依然离不开营销 4P。企业无论是在提升销量的过程中，还是在产品推广的过程中，都少不了营销 4P。只是企业根据产品所处阶段的不同，投入的重点不同而已。可以说脱离了营销 4P，企业就无从获利。

营销学的诉求

营销诉求是指在营销过程中，分析消费者的需求点，针对消费者的需求突出产品的特点，企业要展现出该产品优于竞争对手的顾客价值。这也是企业能否达成目标的关键。企业要重视商品制作、销路及消费等各个环节，并对其进行严格管理，从而达到满足顾客需要的目的。

营销诉求的四个必备条件

1. 目标市场

目标市场是指企业的主力商品所选择的市场。大多数企业都会有一个甚至多个市场，而几乎每个企业都会选择一个消费者最多的市场作为企业的目标市场。美国的“丽”(Lee) 牌牛仔裤就始终把目标市场锁定为“婴儿高峰期”的消费者群体，从而成功地扩大了该品牌的市场占有率。20 世纪六七十年代，“丽”牌牛仔裤以 15~24 岁的小青年为目标市场，到了 80 年代，“丽”牌牛仔裤又将其目标对准 25~44 岁年龄段的消费者，还是“婴儿高峰期”一代。结果，该品牌牛仔裤在中青年市场中的份额上升了 20%，销售量增长了 17%。

2. 顾客欲望

顾客欲望是指企业为顾客提供愿意接受的商品和服务。企业满足顾客欲望的同时，获得顾客对企业的认可，对公司来说也就获得了更长久的收入回报。现在各个企业都意识到失去一个顾客，不仅仅是失去了一个订单，而是失去了一个顾客群。

3. 整合营销

整合营销是指企业必须站在顾客的角度，调动其所有的资源，并有效地协调各部门努力提高对顾客的服务水平和满足程度。我们经常会发现，由于企业内部各部门的工作在为顾客提供利益满足的认识和行为上的不一致，导致企业的营销目标无法顺利完成。比如，各地销售部门为了完成销售指标而相互“串货”，这破坏了企业的统一价格政策；或者是某一部门的营销行为无法得到其他部门的支持和配合等。因此，企业越来越需要加强内部组织的协调，以提高营销资源的利用效率。

4. 赢利能力

赢利能力是指企业在一定时间内获取利润的能力。营业活动是否成功取决于获利多少，它是企业维持利益并继续提升的关键。

评价企业赢利能力的指标很多，其中最主要的是营业利润率和成本费用利润率。

营业利润率是指企业在一定时期内，营业利润与营业收入的比值百分率，计算公式为：

营业利润率 =（营业利润 / 营业收入）×100%

成本费用利润率是指企业在一定时期内，利润总额与成本费用总额的比值百分率，计算公式为：

成本费用利润率 =（利润总额 / 成本费用总额）×100%

营销诉求的四个必备条件

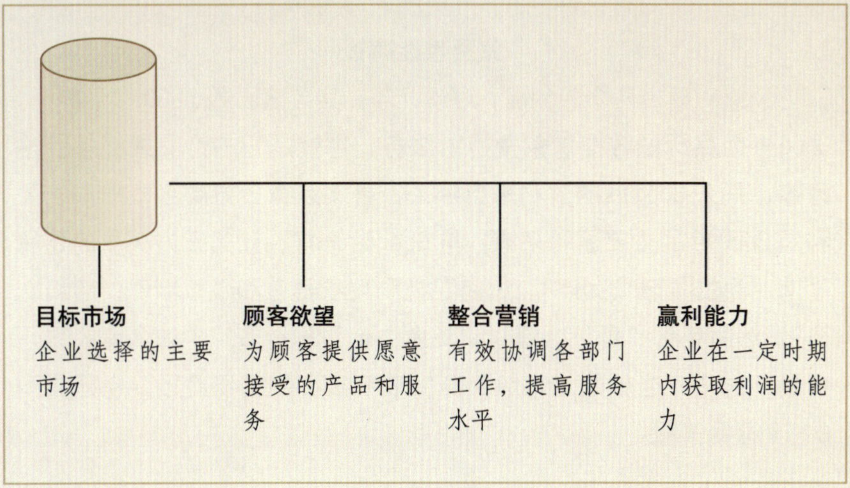

营销学的课题

本节我们介绍科特勒所提出的营销问题，并分析阻碍有效营销的主要因素。

多数企业只授予营销部门 1P 的营销策略

一直以来，在所有的企业中，营销部门都会被企业高层管理人员施加巨大的压力。管理人员会把企业产品销售的重任压在营销人员的身上。他们往往会把销售的期望全部强加于营销部门，而不听取营销部门对于产品的价格设定、销售渠道等方面的想法。因此，科特勒指出，现在多数的营销部门只完成了 1P 策略，这是目前营销的最大问题。

阻碍有效营销的主要因素

构成阻碍有效营销的因素有：企业没有真正理解目标客户的需求；

小故事

免费也能赚钱

Google 仅由两个人创建，短短几年，其市值已达 1000 多亿美元。Google 为目标顾客提供免费搜索服务，也就是它的产品或服务价格为零，那么 Google 的盈利来自哪儿？答案是第三方顾客，即广告盈利是 Google 的主要盈利来源。与 Google 一样，让第三方买单的还有湖南卫视的“超级女声”。湖南卫视利用参赛者和媒体制作“超级女声”，然后免费“卖”给观众，其靠的就是利用节目的知名度收取巨额的广告费，这就是“超级女声”节目赢利的主要途径，也是典型的 1P 营销策略。

企业不善于发现新的机会；企业品牌塑造和沟通策略需要改进；企业没有最大限度地利用技术；企业的营销策划方案和计划有缺陷；企业未能有效组织各部门进行营销；企业产品和服务政策需要进一步改进。

在影响有效营销的因素中，最易犯的错误就是：企业没有真正理解目标客户的需求。不能正确理解客户需求的企业，看到的是企业短期的利益，而从来不去考虑如何满足客户的需要，它们只是将自己的想法强加到客户身上。例如气泡酒还没有出现之前，当时很多消费者追求的是一种好喝的酒饮料，但是当时的啤酒公司却没有理解这一点，只是单纯地制造好喝的啤酒，结果导致啤酒一度被冷落。后来气泡酒诞生了，立即成为畅销商品，迅速占领了市场，啤酒厂家也获取了可观的利润。

Easy-going

企业要明白，顾客购买的不是商品本身，而是商品给自己带来的好处。因此，企业营销的核心，是要找出目标顾客购买的理由。

营销管理导向

科特勒认为，有五种观念指导着企业设计和执行营销策略，即存在着五种营销管理导向：生产观念、产品观念、销售观念、市场营销观念和社会营销观念。

生产观念认为，顾客喜好的是那些价格低廉、随处可见的产品或服务。在这种观念导向下，企业营销者致力于改善产品或服务的分销渠道，以提高产品或服务的传递效率。

产品观念认为，顾客喜好的是那些质量上乘、表现出色的创新产品或服务。在这种观念导向下，企业营销者致力于开发、改良企业的产品或服务，以满足顾客对“时尚”的追求。

销售观念认为，顾客不会主动地、大量地购买产品或服务，因此企业营销部门需要开展大规模的推销或销售活动。这种观念常见于生产非必需品的企业，这类企业的营销目标是推销企业制造的产品，而不是制造市场需要的产品。

市场营销观念认为，企业要充分、全面了解目标市场的需要和欲望，从而采取比竞争对手更为有效的满足目标市场期望的营销策略。在这种观念导向下，企业以顾客为中心，把实现顾客价值作为实现企业利润目标的途径。

社会营销观念认为，企业应该既能保持和增进目标顾客，又能保持和增进社会整体福利，从而向顾客传递价值。在这种观念导向下，企业在向目标顾客提供优质产品或服务的同时，还需要考虑相关利益群体（健康组织、环保组织等）的态度和立场。

营销管理导向

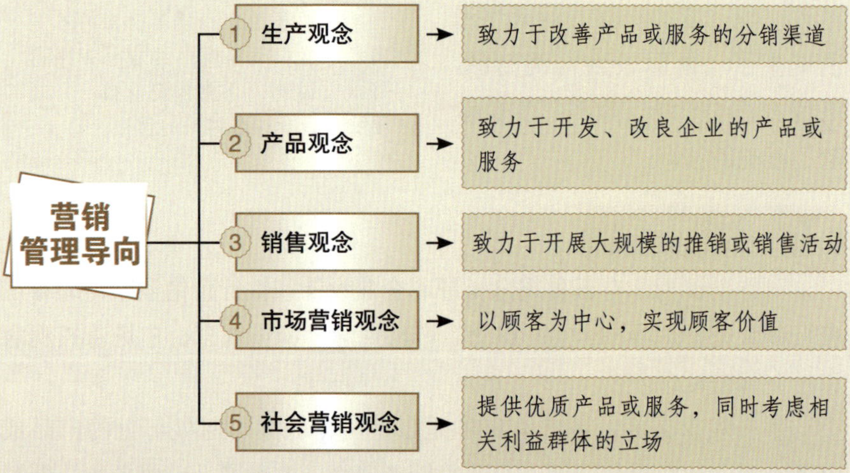

More

1P 理论

1P 理论源于现代营销理论中的 4P，即产品、价格、促销、渠道。利润 =1P－ 3P。这里的 1P 指的是价格，它是企业获得的收益，同时也是顾客的成本；3P 指的是产品、渠道和促销，它们是生产者的成本。营销就是营销 3P，收益 1P，赚取 1P 和 3P 之差。

营销学的技能

了解了营销的主要理论，并不意味着你就能做一个优秀的营销人员。要想在实际运用中有所成就，就必须具备一定的营销技能。这一节我们将介绍营销行业中必不可少的技能。

营销人员必须具备的技能

科特勒认为一名称职的营销人员应该具备以下技能。

1. 财务分析能力

称职的营销人员必须具备财务分析能力，他们能够预估出市场对财务的影响，主要包括 EVA（经济性附加价值）、ROI（投资回报率）、保本点分析、股东价值等。营销人员需要估计出消费者的获利率、订单规模和市场细分等。

2. 网络营销、数据库营销和电话营销能力

它要求营销人员能够掌握信息技术及设备的使用方法，在技术方面需要具备理工科的背景。

3. 市场调研能力

能够进行市场调研、产品研发和管理、价格设定、渠道管理等都是营销人员应该具备的技能。

4. 出众的沟通能力

出众的沟通能力对营销人员非常重要。因为营销人员在执行营销活动的过程中，会面对本公司人员、顾客等各种复杂的情况，这就要求营销人员必须学会多元化的

Easy-going

称职的营销人员必须对营销调研、促销、广告、销售管理这些概念非常了解。另外，营销人员还要掌握财务、信息技术等方面的知识。只有把良好的营销知识和个人的创造才能结合起来，才会让自己的产品和服务更加完美、出众。

沟通方式，懂得与人沟通的技巧，从而很好地完成所执行的任务。

5. 弹性创意能力

营销人员要有创造性思维，不受已有的观念束缚，并不断地刺激自己萌生新的创意，为企业发现新的收入途径。

6. 发掘新事物的能力

营销人员要能用全球化的视角来认知新的机会，发现新的事物。

一般情况下，营销人员在拜访客户时，可能会碰到客户问及有关竞争者的问题。营销人员的普遍做法是贬低竞争者，这样做可能会让自己面临信任危机。如果客户已经决定购买竞争者的产品，此时对竞争者进行贬损，势必会引起客户反感。这种目光短浅的行为更不利于营销人员与客户建立长期的关系。

要维护在客户面前的企业信誉，营销人员必须坦诚，营销人员可以客观描述企业产品与竞争者产品的关系，让客户自己选择与决定。

小故事

香奈尔 5 号

1921 年，当香水大师恩尼斯・鲍将他发明的多款香水摆在香奈尔夫人面前让她选择时，香奈尔夫人毫不犹豫地选择了第 5 款，这就是后来誉满全球的“香奈尔 5 号”。“香奈尔 5 号”除了香味独特外，真正让它从众多的香水中脱颖而出的原因是，它那像药瓶的创意包装。

当时的香水瓶的包装设计注重繁复华美，而香奈尔夫人却别出心裁，她将香水瓶设计得简简单单。她设计的药瓶样的香水瓶，看似怪异、另类，但它与当时繁复的设计相比却显得独特新颖，简单明了的线条，一上市便迅速俘获了消费者的心。从此，“香奈尔 5 号”便在全世界畅销 80 多年，至今仍受到消费者的青睐。

营销人员必备技能

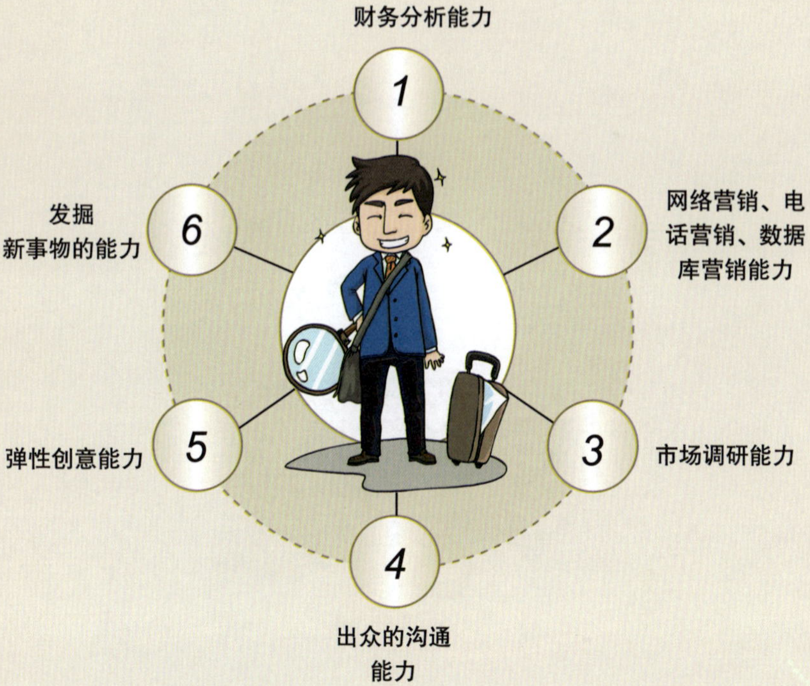

More

目前全世界有多少营销人员

全世界各个营销领域都有数以万计的营销人员，他们主要从事零售、批发、定价、广告等业务。每个领域又有无数的细分领域，比如零售业就有家具零售、电器零售、报刊零售等。所以说，全世界从事营销的人员数以百万计。

第2篇

营销企划

要想有效地开展营销活动，那么在活动之前就要做一份营销企划，制定出企业的营销战略、措施及具体的步骤。这样可以对营销活动进行有效的管理和指导。

本篇教你：

- 分析市场营销环境
- 制订营销企划
- 了解市场调查在营销活动中的重要性
- 了解管理营销过程中的四个主要环节

营销企划概述

想要使营销活动产生预期效果，那就一定要在活动之前制订一份营销企划。科特勒认为制订营销企划非常重要，他对此有以下见解。

何为营销企划

营销企划是指企业对市场营销环境进行调研分析，然后制定出企业及各业务单位的营销目标，以及为实现这一目标所应采取的策略、措施和步骤的明确规定和详细说明。

营销企划的六个步骤

营销企划有六个步骤：一是对公司的状况进行分析；二是根据状况分析的结果，设定预计达成的目标；三是选择实现目标的策略；四是找到最佳的运作方式；五是计算达成目标和策略所需要的费用；六是制定具体的方式和准则，作为企业运行的标准。

Easy-going

营销企划要根据竞争对手的状况，随时进行调整。

营销企划的重要性

科特勒认为目前懂得运用营销企划的企业非常少，结果导致多数企业不是策略不当，就是策略与战略出入太大，没有发挥其真正的作用。

营销企划

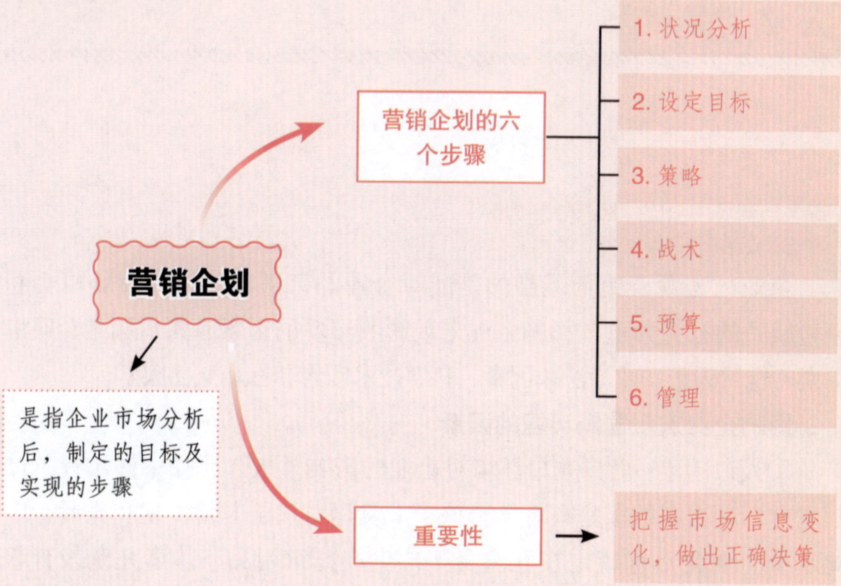

小故事

随环境改变的麦当劳

麦当劳作为世界上最大的快餐企业之一，几乎无人不知。目前麦当劳在全球有 31 000 家餐馆，每年的销售额将近 600 亿美元。这一切与麦当劳不断地随着营销环境的变化而调整自身有着很大的关系。

1997—2003 年，麦当劳的销售额不断下滑，以至于企业首次出现了亏损。麦当劳找到亏损的原因，制订了一个扭转局面的计划，并很快宣布执行。它们将大量的资金用于提升服务速度、训练员工、监控餐馆和改变餐馆形象上。另外，麦当劳在菜单上还增加了很多新品。经过这一系列努力后，麦当劳很快又恢复了往日的辉煌，销售额和利润增长令人吃惊。麦当劳公司 CEO 说：“我们不断学习，不断变化，这就是我们成功的密码。”

状况分析

状况分析就是对企业宏观营销环境和微观营销环境进行分析。

企业的宏观营销环境

企业的宏观营销环境指的是能对企业的营销活动造成市场机会和环境威胁的社会力量。影响企业宏观影响环境的因素有人口因素、经济因素、自然因素、政治法律因素、科学技术因素和社会文化因素。

影响企业宏观营销环境的因素

①人口因素：世界人口环境对企业的影响重大。比如中国实行了计划生育后，大多数家庭只有一个孩子，父母对孩子非常重视和宠爱，因此不少企业将目标锁定在儿童身上，生产儿童用品、从事儿童教育事业，很快就占领了市场。

②经济因素：经济环境对企业的宏观营销环境有很大的影响。因为市场的形成不仅需要人，还需要购买力。经济水平直接决定了人们的消费水平。不同收入的消费者，购买力必然不同。因此，不少企业分析各收入层次消费者人数的变化，进而确定企业的目标顾客。

③自然因素：从长期的观点来看，自然因素应包括自然资源状况、生态环境和环境保护等。营销管理者应该注意所面临的自然因素难题和趋势，比如资源短缺、环境污染、能源成本上涨等。许多国家和政府对自然资源管理的干预也日益加强。人类只有一个地球，对自然环境的破坏不是不可弥补的，企业营销战略中实行生态营销、绿色营销等，都是保护地球自然环境的措施。

④政治法律因素：政治法律因素对企业营销活动的影响主要表现为：进口限制、外汇控制、劳工限制、绿色壁垒等。由于每个国家的制度和国情不同，从事国际市场营销的企业必须对目标国家市场的法律制度和

有关的国际法规、国际惯例和准则，进行学习研究。

⑤科学技术因素：科学技术是第一生产力，科技的发展不仅直接影响企业内部的生产和经营，还可能与其他的因素互相依赖、互相作用，给企业的营销活动带来有利或不利的影响。例如，一项新技术的应用，在为新型企业创造巨大经济效益的同时，也会迫使传统企业退出市场。

⑥社会文化因素：文化对企业营销的影响是多层次、全方位、渗透性的。不同的社会有不同的文化，生活在某一特定文化中的人们，由于价值观、人生观的不同，往往会表现出不同的消费心理和消费习惯。因此，企业要根据当地的教育水平、宗教信仰、价值观念、消费习惯、道德规范和消费时潮，开展营销活动。

影响企业宏观营销环境的因素

人口因素：根据人口变化，制定营销策略

经济因素：分析各收入层次的人数变化，确定目标顾客

自然因素：注意面临的自然环境难题，实行绿色营销等

政治法律因素：根据不同国家的政治法律制度，开展营销活动

科学技术因素：科技直接影响企业的生产和经营，是把“双刃剑”

社会文化因素：根据当地价值观念和道德规范等开展营销活动

企业的微观营销环境

在营销中，企业无法独自为顾客创造价值，它们需要与供应商、中间商、顾客、竞争者等建立合作关系。这些对企业服务顾客的能力产生影响的各种因素，便构成了企业的微观营销环境。

影响企业微观营销环境的因素

Easy-going

企业必须研究消费者的特点，根据消费者的需求生产、销售产品和服务，使自己的产品、服务和营销方案与地理、人口、心理和行为相适应。

①供应商：供应商对企业的营销活动影响重大，因为它为企业提供服务顾客的资源。现在多数企业都与供应商建立了良好的合作关系。例如沃尔玛竭力为供应商提供帮助，它帮助供应商在商店测试新商品、维护供应商专用网站，以及让供应商了解沃尔玛的采购过程等。在帮助供应商提高品质的同时，它自己的资源品质也得到了提升。

②中间商：中间商也就是帮助企业完成销售、促销的分销企业或经销商。如今企业都认识到与经销商合作的重要性。企业不仅要使自身的产品质量得到优化，而且和经销商有效合作将使整个营销系统优化。例如麦当劳就给予可口可乐强大的营销支持，麦当劳的饮料供应商只有可口可乐公司。

③顾客市场：顾客市场可以分为五个类型：消费者市场、企业市场、经销商市场、政府市场和国际市场。

企业要对购买其产品的各个类型的顾客市场进行研究，从而进一步为这些顾客市场提供服务。

④竞争者：营销者不仅要考虑目标顾客的需求，还要分析同行业中的各个竞争者的战略得失。在制定营销战略时，企业不仅要从消费者的需求出发，更要考虑同行业竞争者的营销策略。

企业只有提供比同行业竞争者更高的顾客价值和满意度，才能不断发展壮大。

单一的营销策略不可能适用于全部的企业，因此，企业要根据自己本身的特点，制定能够与同行业者相竞争的营销策略。比如，在同一行业中，居于主导地位的大企业，要采用小企业无力承担的营销策略，而小企业要采用比大企业回报率更高的营销策略。

影响企业微观营销环境的因素

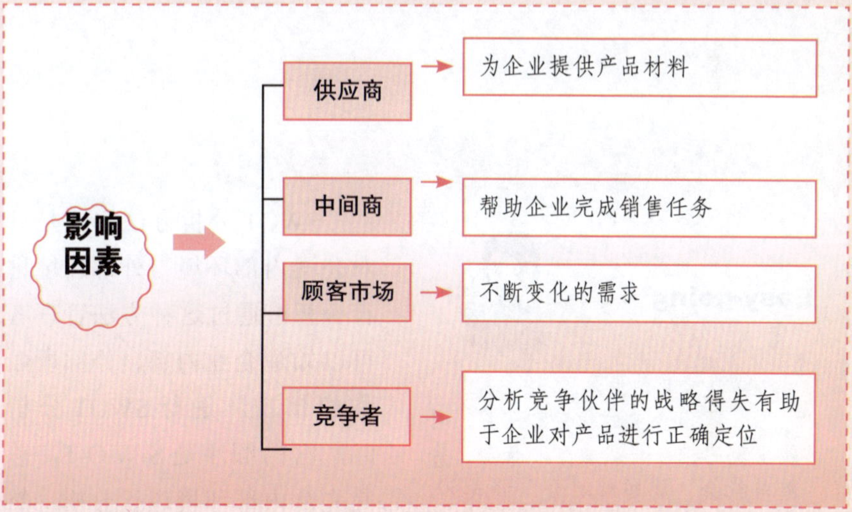

More

注重环保的惠普

现在人们的环保意识越来越强，很多企业也开始关注环保。几年前，美国华盛顿有环保主义者号召清理高科技垃圾时，惠普便第一个站出来响应。而其他大型生产企业却拒绝回收旧设备，原因是回收成本过高。后来在惠普的积极游说下，华盛顿州立法部门颁布了一条强制企业回收旧设备的法律。多年来惠普为环保事业做出了不小的贡献，当然也获得了消费者的青睐。

SWOT 分析

SWOT 分析方法是营销学中最常见的分析方法，它是对企业内部环境和外部环境进行分析，从而找出企业的优势、劣势及核心竞争力。其中，S 是 strength 的首字母，代表优势；W 是 weakness 的首字母，代表劣势；O 是 opportunity 的首字母，代表机会；T 是 threat 的首字母，代表威胁。其中 S、W 是内部因素，O、T 是外部因素，也可以看成是企业的优势和劣势及企业面临的机会与挑战。

科特勒将 SWOT 分析转变为 TOWS 分析

SWOT 分析方法主要是针对公司内部环境与外部环境进行分析。通过这种方法管理者可以知道企业内部、外部所面临的情况。进行 SWOT 分析时，它的顺序是 S-W-O-T，总是先从内部环境进行分析，然后再对外部环境进行分析。这样做很容易对外部环境造成影响。因此，科特勒将 SWOT 分析变为 TOWS 分析。

Easy-going

SWOT 分析的步骤：

1. 找出企业的优势和劣势，可能出现的机会与威胁。2. 优势、劣势与机会、威胁相组合，形成 SO、ST、WO、WT 策略。3. 对 SO、ST、WO、WT 策略进行选择，确定企业目前应该采取的具体策略。

透过企业内部环境分析掌握优劣势

企业只有认真分析自身的优势和劣势，以及外部环境所带来的机遇与威胁，努力将自身的优势发挥到最大，劣势降到最低，才有可能成功。

SWOT分析与科特勒TOWS分析对比图

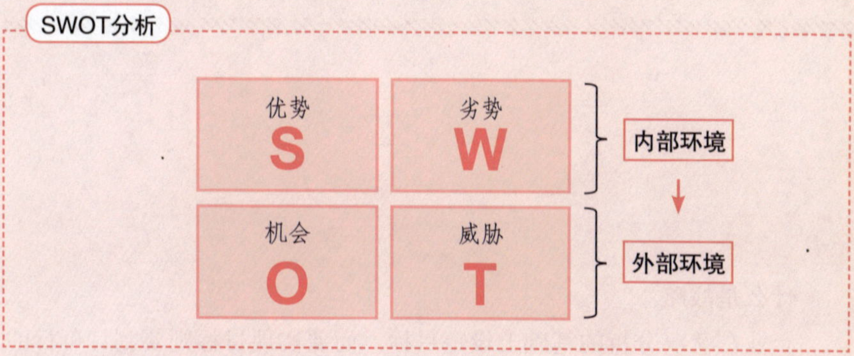

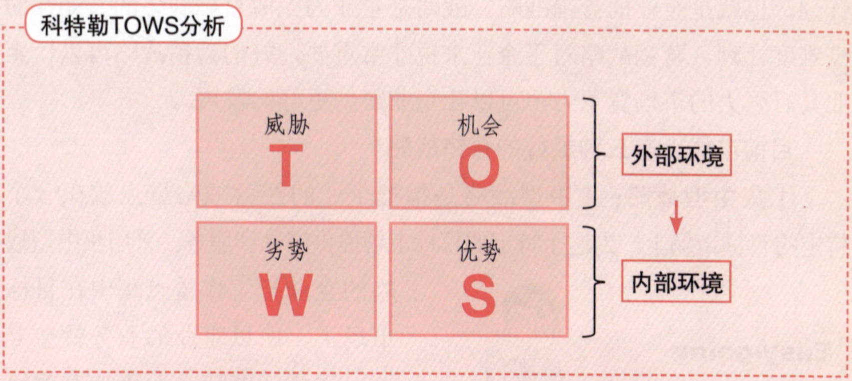

More

寻找企业的竞争优势

SWOT分析中的“S”指的是竞争优势，也就是企业超越其竞争对手的能力。例如，当两个企业处在同一市场为顾客或群体提供产品和服务时，如果其中一个企业有更高的盈利率或潜力，那么，我们就认为这个企业比另一个企业更具有竞争优势。企业的竞争优势体现在技术、资产、人力资源等方面。

战略与战术

很多人常将战略和战术画上等号，其实它们是两个不同的概念。本节我们将介绍两者的区别。

战略

什么是战略

企业在状况分析的基础上设定目标，而要实现目标则要制订可行的计划，也就是企业的营销战略。战略是企业为完成目标制订的长期性的高难度计划。营销战略对于企业来说非常重要，好的营销战略可以让企业具有强大的市场竞争力，可以让企业得到更好的发展。

目前市场上有三种最好的营销战略

①集中型战略：集中型战略是指把企业的经营战略重点放在一个特定的目标市场上，为这个特定的目标市场提供产品和服务。采用集中型战略的企业把工作重点集中在目标市场上，所以企业的业务就会专一，这样能够使企业更加有效地为客户提供服务，迅速地占领市场，从而超越竞争对手。

Easy-going

成功营销战略的三个关键点，也就是目前市场上最好的三种营销战略。企业要准确地选择自己的目标市场，形成自己的特色，然后将其准确地传递给消费者，从而击败竞争者。

集中型战略的优点是企业能够形成核心竞争力。因为集中型战略追求的目标不是整个市场，而是在一个或者几个市场上占领市场份额。集中型战略不但可以为市场提供更好的服务，而且经营目标集中，便于管理，经营者的成本也会有所降低。这样企业集中使用资源，从而进一步提高自身的专业性。

集中型战略的缺点是风险大，如果目标市场发生突然变化，造成价格猛跌，那么企业就很有可能陷入困境。因此，企业在采用这一战略时，一定要谨慎。

②市场定位：市场定位指的是企业及产品在目标市场中所确定的位置。营销人员对市场进行调研，发现消费者心中未满足的市场细分。企业针对目标市场开发出相关产品，然后将它传递给消费者。企业在进行市场定位之前，必须有市场细分和目标市场选择这两个必不可少的步骤。

对自身进行准确定位，从而获得成功的企业有很多。比如，沃尔沃汽车公司发现，汽车的购买者最看重的是汽车的安全性，于是沃尔沃采用“最安全的汽车”作为企业产品的定位。而当时还没有任何一家汽车企业注意到这一点。

③差异化战略：差异化战略指的是企业努力使自己的产品或者服务

小故事

宝洁公司

提起宝洁公司，你或许陌生，但是提起海飞丝、舒肤佳、汰渍、玉兰油等品牌相信你一定不会陌生了。其实，这些品牌都来自宝洁公司。宝洁公司拥有超过 300 个品牌的产品，包括洗涤、护肤、面巾等类别。公司的产品平均每天与 30 亿人接触。

为什么宝洁公司不将资源集中在同一个品牌上呢？答案是宝洁公司认识到不同的人有不同的需求。比如人们购买的衣物洗涤剂除了希望它具有去污的功效外，还希望它不伤手，有增白、柔顺或者具有清新香气等功效。宝洁公司根据不同的市场需求，将六个重要的洗涤市场又细分为众多的品牌。比如在汰渍洗衣粉中，就有不同香型的、多泡沫型的、适合冷水型的等多种类型的洗衣粉。宝洁公司通过这种战略获得了很好的销量。

在同行业中别具一格，形成自己特色，以此获得竞争优势。例如采用差异化战略的雅诗兰黛为消费者提供了超过 24 条护肤、护发、化妆和香水的产品线。

实现差异化战略的方式有很多，比如设计品牌形象、技术特点、外观特点、客户服务或其他方面的独特性等。

在选择战略时，企业要根据自身的资源情况选择最适合的战略。当企业资源有限时，选择集中型战略；当产品的差异化程度大时，选择差异化战略。

营销战略

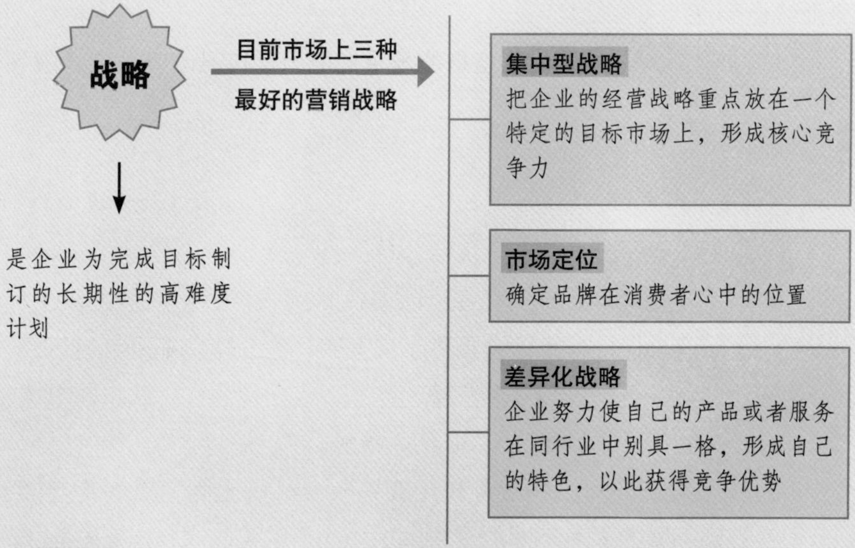

战术

战略确定好以后，就是战术了。战术指的是能将策略具体化的方案。科特勒设定了市场定位等营销战略，然后才确定营销沟通组合等战术，从而展开营销企划。

营销沟通组合是企业在做好市场定位之后，采取有效行动对目标顾客沟通和传递其产品。

企业拟定的战术必须具有竞争优势，所谓的竞争优势，并不是要有更好的产品或服务，而是产品或服务要有某种独到之处：或者体积小，或者重量轻，或者价廉物美，或者质优价高，或者有不同的分销系统。进一步说，企业拟定的战术必须在整个市场竞争中具有优势，而不应该仅仅是在某一种或两种产品或服务上具有竞争力。

营销战术

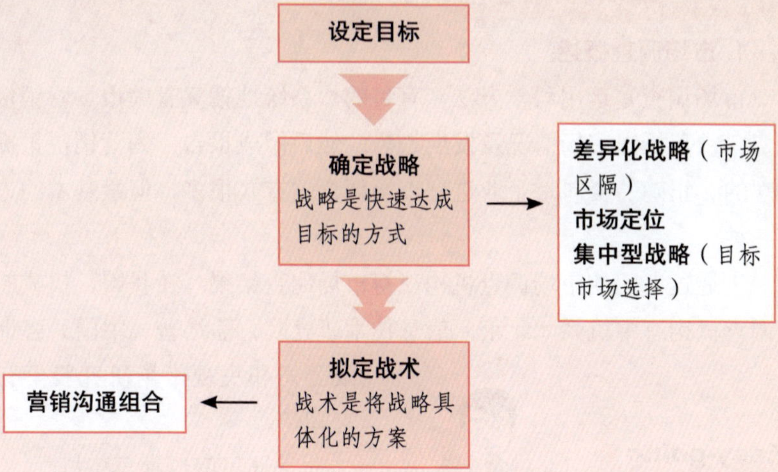

More

市场细分是指将市场划分成具有不同需要、特性、行为及需要不同产品的顾客群体。市场细分的目标是把市场中需求相同的消费者聚到一起。

企业可以采用不同的方法对市场进行细分。如从地理、人口、心理等方面可以对市场进行细分。市场细分有利于企业发掘和开拓新的市场机会，有利于企业将各种资源合理整合到目标市场中，有利于企业制定经销策略，有利于企业调整营销策略。

市场调查

对于营销人员来说，认真做好市场调查很重要。因为市场调查的好坏关系到营销结果的好坏。

市场调查概述和步骤

1. 市场调查概述

市场调查是运用科学方法，有目的、系统地搜集有关市场营销信息和资料，分析出市场情况及发展趋势，然后做成报告，为营销决策提供客观的、正确的资料。企业进行市场调查的方式很多，但最基本的方式有三种。

①通过专门的市场调查机构获得市场调查结果。在我国，权威的市场调查机构有中机系（北京）信息技术研究院、盖洛普（中国）咨询有限公司和央视市场研究股份有限公司等。

②通过网络搜寻资料。

③参考竞争公司的网上资料。

Easy-going

企业一味地根据过去的经验和自我观察进行判断，那么很有可能会做出脱离现实的判断。

2. 市场调查的五个步骤

①确定问题与调查目的：营销管理人员和市场调查人员要紧密合作共同界定问题，并确定调查的目的。营销管理人员可能知道企业营销中存在的问题，但是却不了解造成这种问题的根本原因。只有通过调查人员运用营销调研方法才能获取这些信息。营销调研的目标可以分为探索性调研、描述性调研和因果性调研三种。

②制订调查计划：当确定了调查问题和目标后，调查人员必须确定所需要的信息，制订可行的搜集信息的计划。调查计划应写明信息来

源、具体的调研方法、抽样计划和搜集数据的工具。调查计划应该以书面方式呈现。

③搜集数据和资料：有时，调查计划需要搜集二手数据和原始数据。二手数据是为了其他目的而搜集的信息。二手数据的来源有商业数据服务企业和政府。除此之外，调查人员还可以通过互联网统计数据和商业在线数据库来搜集数据。

二手数据的优点是快捷、费用低，还能获得有些企业无法搜集或者收集成本过高的数据。缺点是有时需要的信息可能不存在，因此一般寻找的二手数据只是所需的全部数据中的一部分。

原始数据由为近期目的而搜集的信息构成。收集原始数据的方法有观察法、询问法和实验法。观察法是指调查人员通过观察相关人员、活动和情景来搜集原始数据。实验法是选择两组实验对象，控制相关因素然后观察小组的反应来搜集原始数据。询问法就是通过直接询问的方式来获得数据。

④分析信息：搜集好数据后，调查人员应该对数据做一份分析报

小故事

奇巴公司的设计法宝——市场调查

奇巴公司是一家从事新产品咨询的设计公司。奇巴的成功就在于它卓越的市场调查。在设计之前，它会开展大量的调查工作，搜集大量的数据，进一步挖掘信息，做到真正了解消费者。

奇巴公司坚持卓越的市场调查开始于10多年前。奇巴公司派出设计师小组研究美国的浴室。经过研究，最终设计出了一种带有细纹、具有圆柱形手柄的东西。它的外形优雅，而且非常好用。这一产品刚一上市就为那家公司赚取了4 000万美元。新产品还荣获了美国工业设计师协会颁发的最佳设计奖，就连史密斯博物馆都将它永久收藏。从那时起，奇巴公司的每一款设计都开始于独特的市场调查。

告，而不应该交给管理者一些复杂的统计数据。

⑤得出调查结果：调查人员做完分析报告后，应该对调查结果做出解释，并对调查中的重大发现，在报告中呈递给管理者，从而更好地帮助管理者做出正确的决策。

市场调查概述和步骤

市场调查

运用科学方法，搜集市场营销信息，分析市场情况，做出报告

企业进行市场调查的三种基本方式

- **通过专门的市场调查公司获得市场调查结果**
  中国权威的市场调查机构有中机系（北京）信息技术研究院、盖洛普（中国）咨询有限公司、央视市场研究股份有限公司等
- **通过网络搜寻资料**
- **参考竞争公司的网上资料**

市场调查的五个步骤

1. 确定问题与调查目的
2. 制订调查计划
3. 搜集数据和资料
4. 分析信息
5. 得出调查结果

市场调查的重要性

市场调查对企业的市场营销管理的重要性主要表现在：首先，市场调查是市场营销运营的出发点。产品策略、价格策略、促销策略、流通策略构成了市场营销活动的四大支柱。而市场调查是先导，产品策略、

价格策略、促销策略、流通策略必须以市场调查为出发点。这一方面说明了市场调查的重要性，同时也说明只有市场调查能为产品策略、价格策略、促销策略、流通策略提供决策的依据。其次，市场调查有助于企业营销管理目标的实现。市场营销管理的主要任务，就是要发现消费者的需求，捕捉市场机会，并制定与之相适应的营销策略和计划来满足消费者的需求。换句话说，就是发现营销问题和解决营销问题。而其成功与否，在很大程度上有赖于市场调查活动的开展。

市场调查应考虑的问题

市场调查首先应考虑的问题是资金，大企业有能力斥巨资进行市场调查，而一些小企业就不具有这样的能力了。但是，小企业和一些非营利性组织进行市场调查依然必不可少。小企业可以采用不太正式的、成本较低的市场调查技术来了解市场情况。

其次，在国际市场调查中，应注意国家间的文化差异。

最后，在做市场调查时，要注意不要滥用调查，避免伤害或者激怒消费者。

More

常用的市场调查方法

座谈会：就是主持人从目标市场中抽取一群人，通过听取他们所感兴趣的话题得到想要的结果。

定点街访：也称为CLT，在人流量大的繁华地带设定安静的会场，然后过路的行人被邀请到会场接受访问。

流动街访：即选定人流量较大的户外场所，访问员随机拦住过往的行人，进行问卷调查。

深访：深度访谈是一对一的直接的人员访谈，它是由非常有技巧的访问员对单个的调查对象进行深入的面谈，从而挖掘有关消费者的行为动机。

营销组织

想要顺利地进行营销活动，就必须先建立一个优秀的营销组织。然而，大部分企业对营销部门委以销售的重任，使得营销部门不能真正发挥其职能，营销功能逐渐被边缘化。

营销组织概述

营销组织是指执行市场营销计划、服务市场和消费者的职能部门。营销组织应该成为企业制定产品和服务商业策略的原动力。企业制定商业策略应当让市场人员把他们的市场调查结果提交给营销组织，根据市场调查结果，营销组织再进行产品设计和服务调整。这样企业的产品会更有市场竞争力。

但实际上，大多数的营销组织都没有充分认识到自己的职责，它们把太多的精力和预算放在企业产品的销售上。因此，它们实际上是促销部门，而不是营销组织；其人员只是1P的营销人员，而不是4P营销人员。

营销组织概述

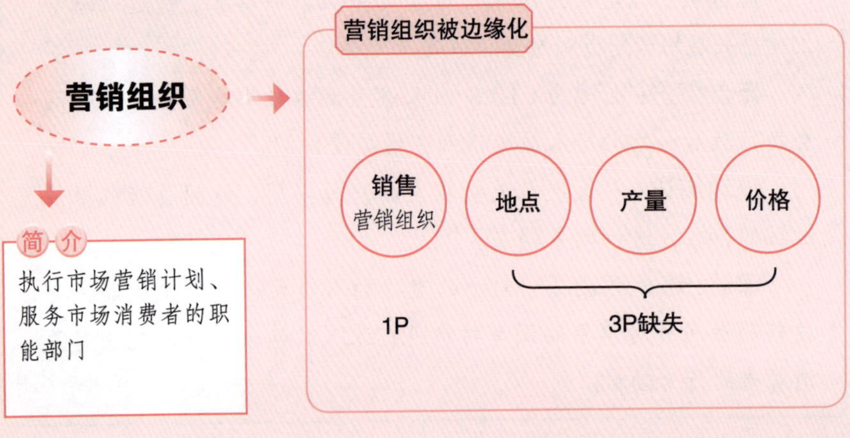

营销部门未来的发展方向

过去，营销人员必须具备调研、广告、促销和销售管理四个基本技能。而如今营销部门还必须掌握另外一些技能，比如，塑造品牌、数据库管理、客户关系管理、公共关系和营销、电话营销等。

各种营销组织形式

职能型组织：职能型组织是根据不同的职能分配专家，然后由统筹者带领各组织进行营销活动的形式。职能型组织是现代企业最普遍的营销组织形式。

地区型组织：有的企业会在各地区设置营销经理，给予他们一定的营销权力。采用这种组织形式企业的差旅时间和成本会降到最小。

产品管理组织：通常采用产品管理组织形式的企业都拥有很多不同的产品或者品牌。采用这种形式，一个产品经理只为具体的某一产品或品牌制定完整的战略和方案。最早采用这种组织形式的是宝洁公司，1927 年，宝洁公司生产了一种叫 Camay 的肥皂，市场销量很不理想。宝洁公司指派一名年轻的经理专门开发和推广这个产品。结果，产品销量逐渐上升。

市场管理型组织：为很多有不同需求和偏好的市场和顾客销售产品的企业，采用市场管理型组织形式最适合。市场管理型组织与产品管理组织相类似。采用这种组织的企业会专门派市场经理为特定的顾客群制订营销计划。

Easy-going

设计一个与企业相匹配的营销组织，意义极为重要。IBM 公司创办人汤姆·华生这样形容营销组织：“我的责任不是建构一个事业，而宁愿是建构一个组织，这个组织建构这个事业。”

国际化组织：针对海外市场营销设置部门的组织形态。

各种营销组织都具有不同的特征。职能型组织的优点是管理简单，不过随着商品的增加和管理市场的扩大，效率也会随之降低。地区型组织的优点是地区管理部门对该地区较熟悉。产品管理组织的优点是比较方便革新，缺点是当产品种类多元化时，不容易发挥其功效。市场管理型组织的优点是如果顾客喜好和购买方式确定时，可以根据此方式做族群划分。国际化组织是按照地区、商品种类、国内外各公司的不同给予分类。

各种营销组织形式

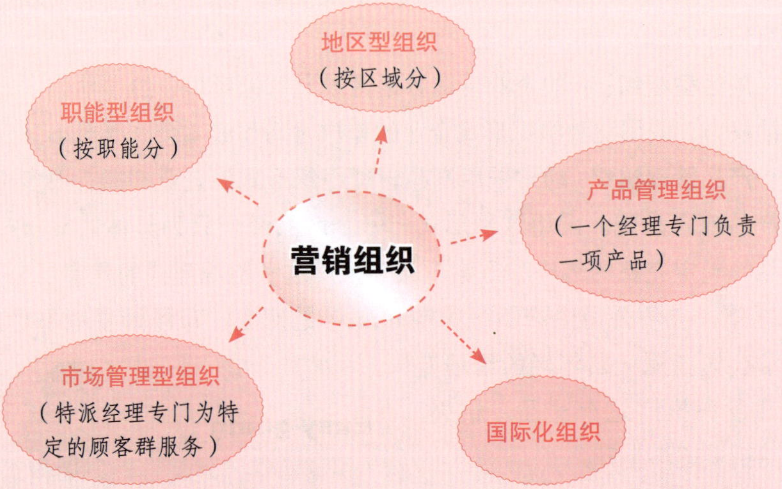

More

划分组织部门的原则

划分组织部门有6个原则，它们分别是：目标任务原则、责权利相结合的原则、分工协作与精干高效相结合的原则、管理幅度原则、统一指挥与权力制衡相结合的原则、集权与分权相结合的原则。

营销执行

企业在执行营销策略时，一定要采取分工负责的方式。只有这样，才能保证战略彻底执行，否则再好的战略也只是纸上谈兵了。

营销执行

营销执行是为了实现营销目标而将营销计划变成营销活动的过程。成功的企业会将它的人员、组织结构和决策都整合在一个支持其战略的行动方案中。

执行营销企划时的基本原则

企业在制定战略时，要遵循3W1H即“对象（Who）、地点（Where）、时间（When）、方式（How）”的基本原则，同样，在执行营销企划时，也要遵循3W1H的基本原则。制订企划时，领导层必须弄清楚企业的最终目标是什么，企业为什么这样做。落实营销企划时，必须达到3W1H四个原则。

落实营销企划时应当具备的四项能力

科特勒认为落实营销企划时，营利组织和非营利组织都应该具备以下四种能力。首先，应该具有发现营销企划时间问题点的能力；其次应该具备找出企业问题的能力；再次还要具备执行营销企划的能力；最后要具备评估的能力。

市场营销执行的主要步骤

制定营销行动方案：想要市场营销战略达到预期效果，就必须制定详细的行动方案。明确市场营销战略实施的任务，并将要执行的任务进行分工。另外，方案中还应该包含具体的时间表。

建立组织结构：组织结构具有两大职能。首先是明确分工，它将全部工作分成管理的几个部分，然后再将它们分配给有关部门和人员；其次是发挥协调作用，可以协调各部门和人员的行动。因此，营销执行之前建立适合企业的组织结构必不可少。

设计决策和报酬制度：为了使市场营销顺利进行，企业还必须设计相应的决策和报酬制度。

开发人力资源：市场营销战略是由企业内部的工作人员执行的，所以人力资源的开发至关重要。在考核选拔管理人员时，要做到人尽其才。同时，企业必须建立完善的奖惩制度，以激励员工的积极性。

建设企业文化：企业文化是一个企业内部全体人员共同遵循的价值标准、基本信念和行为准则。企业文化体现了集体责任感和集体荣誉感，它能够使全体员工团结在一起。因此，塑造和强化企业文化是执行企业战略中不容忽视的一环。

为了有效地实施市场营销战略，企业必须将以上五大要素协调一致，相互配合。

小故事

无醇啤酒的取胜之道——3W1H 营销模式

2002 年，日本道路交通法做出调整，加重了对酒后驾驶的处罚力度，一时间日本无醇啤酒市场火爆。虽然无醇啤酒有着广阔的前景，但如果不能采取精准的营销策略，必将会竹篮打水一场空。日本有一家公司抢占了无醇啤酒市场的高份额，它是怎样做到的呢？它知道无醇啤酒是一个新事物，要想让消费者接受，必须建立一个认知过程，因此它采用了开盖有奖的促销手段，激发顾客购买的欲望，从而让人们建立对产品的认知。日本这家公司凭借 3W1H 营销模式，很快就占领了广阔的市场。

营销执行

- **含义**：将营销计划变成营销活动的过程
- **基本原则**：3W1H原则：对象（Who）、地点（Where）、时间（When）、方式（How）
- **四项能力**：
  1. 发现时间问题点的能力
  2. 找出企业问题的能力
  3. 执行营销企划的能力
  4. 具备评估的能力
- **主要步骤**：
  1. 制定营销行动方案
  2. 建立组织结构
  3. 设计决策和报酬制度
  4. 开发人力资源
  5. 建设企业文化

More

什么样的报酬制度才是合理的呢？领导者要针对个人给公司创造的贡献给予差别化的对价报酬，这种表面看上去似乎很不公平的报酬制度，实际上是最合理的报酬制度。不过要达到报酬合理，必须考虑三个要素：外部公平、内部公平与个别公平。

外部公平是指公司员工的薪资水平须在外部市场中具有一定程度的竞争力；个别公平是指员工个人的个别表现应反映在所发报酬的多寡上；内部公平是指公司内部应有一套公正客观的标准，以衡量薪资的差异。

营销控制

在执行营销企划的过程中，往往会出现一些意外情况，为了确保目标的实现，企业要经常评估营销成果，并进行一定的管理，以确保目标的实现。

营销控制

市场营销控制指的是市场营销经理测量和评价营销战略、计划与实际是否一致，如果不一致或者没有完成计划，市场营销经理则要找出原因，并采取适当措施和行动，以保证市场营销计划的完成。

营销控制的四种类型

Easy-going

根据企业选择的比较范围不同，衡量企业的市场占有率，一般分为三种：全部市场占有率、目标市场占有率、相对市场占有率。

1. 年度计划控制

年度计划控制是企业在本年度内核查实际绩效与计划之间是否有偏差，并采取适当的改进措施和行动，以确保市场营销计划的完成。

年度计划控制是对销售额、市场占有率、费用率等进行控制，目的是确保完成销售、利润和其他目标。

2. 赢利能力控制

企业想要从营销活动中获得收益，那么必须对产品的成本进行严格控制。赢利能力的指标包括资产收益率、资产周转率、现金周转率、存货周转率和应收账款周转率等。此外，还要将费用的支出和相应的收入结合起来进行分析，才能了解企业的赢利能力。

3. 效率控制

效率控制是指企业寻找有效的方法来管理绩效不佳的营销实体活动。效率控制的目的是提高销售人员推销、广告、销售促进和分销等市场营销活动的效率。

效率控制的内容主要包括四个方面：销售人员效率控制、广告效率控制、促销效率控制和分销效率控制。

4. 战略控制

战略控制指审查企业的战略目标是否与机遇匹配。营销战略和方案可能很快就过时，企业要定期对整个市场方案进行评估。

检查企业各项活动的进展情况，评价企业的绩效，把它们相比较，找出产生差距的原因，然后进行改进，让活动与企业目标协调一致，使企业战略得以实现。

营销控制的四种类型

1. 年度计划控制

确认实际绩效和计划之间的偏差

需要控制的方面：销售额、市场占有率、费用率等

2. 赢利能力控制

确认获得的收益与损失

赢利能力的指标：资产收益率、资产周转率、现金周转率、存货周转率和应收账款周转率等

3. 效率控制

对于绩效不佳的营销实体活动进行评估和改善

效率控制的四方面：销售人员效率控制、广告效率控制、促销效率控制、分销效率控制

4. 战略控制

审查目标是否与机遇匹配。思考如何在市场、商品等方面，找到最大的商机。分析产生差距的原因，进行改进

第3篇

营销策划与战略执行步骤

想要企业生存和发展下去，那么有必要了解一些营销知识。学会为企业正确地选择目标市场，并对产品进行正确的定位非常重要。

本篇教你：

- 了解市场细分
- 根据公司特色选择目标市场
- 将产品正确定位
- 学习营销的基本战略战术

市场细分

以往的市场走的都是大众销售策略，可是每个消费者的喜好不尽相同，想要做到所有的消费者都满意显然很难。只有细分市场，锁定企业的消费群才是企业的发展之道。

市场细分及进行市场细分的原因

市场细分是将不同需求、特征的消费者区分成若干个不同的消费群体。市场细分的目标是在不同的市场中把需求相同的消费者聚到一起。市场细分以营销资源的有效配置、营销目标等的制定和达成为目的，对于企业的发展具有重要意义。

Easy-going

市场细分必须具备的条件：1.规模够大；2.与其他群体存在明显的差异性；3.必须能具体描述，诸如购买什么，为何购买。

市场由众多的消费者组成，而每个消费者的需求、来源、地点和购买态度等都不相同。通过市场细分，企业可以将相同需求的消费者聚在一起，为他们提供适合的产品和服务，从而迅速抢占市场。

三种市场细分

市场细分可分为消费者市场细分、产业市场细分和国际市场细分。

1.消费者市场细分

营销者对不同的细分变量进行测试，就会得到不同的市场细分方法。其中主要有人口细分、地理细分、心理细分和行为细分。

①人口细分：人口细分是指按照消费者的年龄、性别、职业、收入、宗教信仰以及国籍、民族等变量划分消费者群体。人口统计因素是

对顾客进行市场细分最普遍的依据。依据人口因素进行市场细分需要考虑年龄变量。消费者的需求会随着年龄的增长而发生变化。例如，某公司面向儿童市场销售重点为“营养”方面的饮料和甜点；面向成人市场它承诺“保持健康和充沛的精力”。

②地理细分：地理细分是将市场划分成国家、州、地区等地理单位。如今企业都努力使自己的产品适应不同地区的个性化需求。例如某公司将公司的低卡路里甜点运到治疗肥胖症的诊所附近销售。

③心理细分：心理细分是按照社会阶层、生活方式或人格特征将消费者划分为不同人群。营销者根据消费者的生活方式进行市场细分，制定营销战略。例如，美国的运通公司承诺“适合你的生活卡”，在它的广告中包括专业冲浪运动员、电视名人等，以迎合消费者所认同的名人生活方式。

④行为细分：行为细分是根据消费者对品牌的了解、态度等进行市场细分。它包括购买者的动机、追求的利益、使用者的状态、频率、忠诚度等对市场进行细分。

2. 产业市场细分

几乎所有的企业至少都会同时服务于几个细分市场。企业在确定了

小故事

雀巢咖啡的市场细分

雀巢咖啡采取市场细分的营销策略，成功打入了日本市场。

针对年轻人，雀巢刻意营造欢乐的气氛，以新潮的感情和纯洁的爱情为表现主题，让年轻人去接受它、认同它。

针对中年人，由于他们具有一定的社会地位和经济基础，因此，雀巢公司用金牌咖啡来吸引他们，暗示成功的人应与金牌咖啡同在。

针对老年人，雀巢公司用日本的传统文化来表现咖啡的味道，这样做是为了降低老年人对咖啡的排斥心理。

目标市场后，接着还会对其进行细分，然后对每个细分市场制定不同的营销方案。例如，办公家具领域的主要生产商会将其客户分为10个行业，对不同行业的顾客采取不同的营销方式。

3. 国际市场细分

很少有公司在全球所有的国家开展经营活动。大多数的公司愿意把精力放在有限的市场上，因为跨国经营面临着很多挑战。想要在国际市场上进行经营的企业，需要将有相似需要和购买行为的消费者划分在同一细分市场。例如，雷克萨斯将其目标市场定为全球的有钱人，而宜家家具将其目标市场定位为世界上所有的中产阶级。

三种市场细分

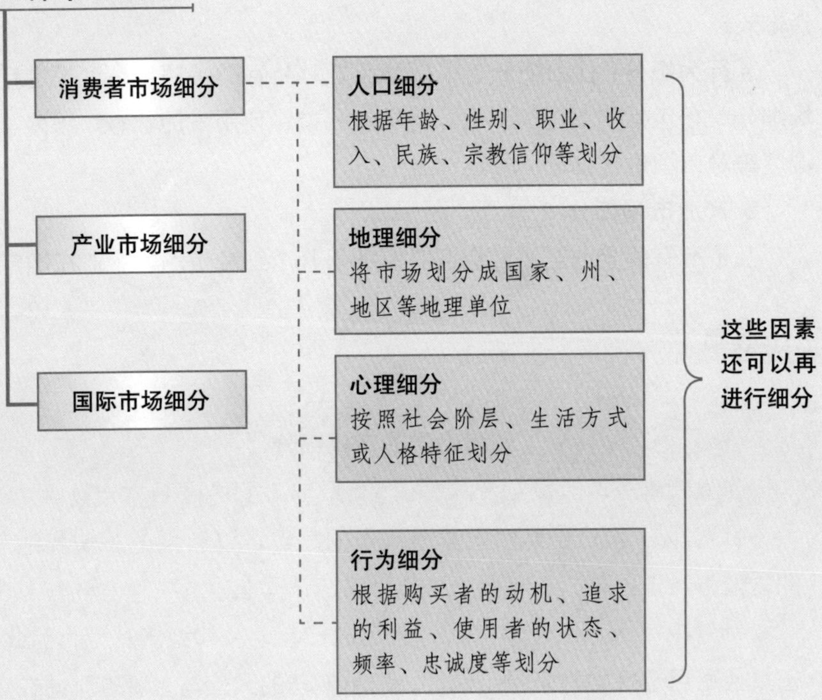

市场细分的方法

最初的市场数据是现成的，营销人员采用根据人口统计学信息进行的市场细分方法，将不同年龄、职业、收入的人划分为不同的群体。后来，营销人员又增加了消费者的居住地、家庭人口数等因素，由此形成了根据地理人口统计学信息对市场进行细分的方法。再后来人们发现按照人口统计学信息划分的市场，还是存在着不同的模式。于是，营销人员又根据消费者的购买意愿、动机和态度，采用心理描述法对市场进行细分。除此之外，还有一种方法是依据消费者从产品购买中追求的不同利益进行市场细分。

市场细分方法是对消费者思维的研究。营销人员如果能发现新的划分客户的依据，就能让企业抢占更大的市场，进而使企业获得丰厚的回报。市场细分的客观基础是消费者需求的异质性。进行市场细分的主要依据是异质市场中需求同质的顾客群，实质就是在异质市场中求同质，即在需求不同的市场中把需求相同的消费者聚到一起。

More

市场细分的步骤

首先，企业应选定产品的市场范围，并以此作为确定市场和战略的依据；其次，应该列举潜在顾客的需求；再次，应分析潜在顾客的不同需求，企业应该对不同的潜在顾客进行抽样调查，了解潜在顾客的共同需求；最后，制定相应的营销策略。

例如，某航空公司对其市场是这样进行细分的：先确定营销对象是从未坐过飞机的人，接着将从未坐过飞机的人细分为害怕坐飞机的人，然后又在持肯定态度的人中细分，最后将目标确定为高收入有能力乘飞机的人。于是这家航空公司将目标定为那些对坐飞机持肯定态度，只是还没有坐过飞机的高收入群体。

营销策划

企业完成了市场细分，接下来就是对目标市场的选择了。企业必须对各个细分市场进行评估，并最终选出适合企业服务的几个细分市场。

营销策划的含义

营销策划是指在分析企业内部环境、运用经营资源的基础上，对企业在一定时间内的营销活动，包括行为方针、目标、战略、实施方案和具体措施等进行的设计和计划。

企业做营销策划的目的是改变企业现状，完成营销目标，而且做出的营销策划要具有前瞻性、全局性、创新性和系统性，这样才能提高产品销量，获取利润。

营销策划的四个方面

1. 大众营销

大众营销忽视了市场上每个顾客的差异，认为每一个人都是企业潜在顾客，并试图把产品卖给每一个人。大众营销把主要精力集中在顾客的共同点而不是差异点上。

Easy-going

大众营销以实现市场需求的一般满足为目标，优点是客户辐射范围广、综合营销成本低，缺点是不易维护客户关系。

2. 差异化营销

差异化营销也叫细分营销，采用这种战略的企业，一般会选择两个或者两个以上的子市场作为目标市场，并对每个子市场单独提供产品和服务。如宝洁公司营销六种洗衣粉品牌，就是差异化营销。

3. 集中营销

集中营销也叫聚焦营销。这样的企业不会面向整体市场，而只选择一个或少数的几个细分市场作为目标市场。资源有限的中小企业多会采用这一策略。

集中营销策略的优点是适应了本企业资源有限这一特点，可以集中力量迅速进入和占领某一特定的细分市场。另外，企业的经营成本能够得以降低，但是该策略风险较大。如果目标市场突然变化，企业就可能陷入困境。

4. 微观营销

微观营销就是根据每个人和每个顾客群体的不同需求，制定产品和营销方案。微观营销包括地区营销和个性化营销。

地区营销是企业针对当地顾客制定的品牌和促销活动。虽然地区营销会迎合当地消费者的意愿，但是这势必会增加生产成本。

个性化营销也就是“一对一”营销，是指企业根据顾客的需要和喜好，制定产品和设计营销方案。

小故事

“动感地带”（M-zone）

“动感地带”（M-zone）是中国移动通信针对年轻一族的生活特点和消费习惯推出的品牌，是中国国内第一个专门为年轻人设计的移动通信客户品牌。在“动感地带”的世界里，年轻一族可以收到够新够奇的海量信息，可以下载够酷够炫的图片和铃声，还可以自主地选择更加自由的资费组合。

“动感地带”品牌专为崇尚个性、追求时尚、紧跟潮流的不同消费者设计了超值优惠的“学生套餐”“娱乐套餐”和“时尚套餐”，还有更多、更炫、更超值的短信套餐和沟通计划供消费者选择。如今，70% 以上的年轻人都会选择“动感地带”，因为“它适合我”。

营销策划的四个方面

营销策划

- **大众营销**：每一个人都是企业潜在顾客，把产品卖给每一个人
- **差异化营销**：选择几个子市场作为目标市场，对每个子市场单独提供产品或服务
- **集中营销**：选择一个或少数的几个细分市场作为目标市场，开展营销
- **微观营销**：
  ①**地区营销**：针对当地的顾客制定品牌和促销活动
  ②**个性化营销**：根据顾客的需要和喜好，制定产品和设计营销方案

确定目标市场

确定一个目标市场和选择一个战略，企业要考虑的因素有很多。首先，应该考虑到准备进入的市场规模是否广阔，如果该市场规模狭小的话，那么企业应该谨慎选择进入，或者不进入该市场。

Easy-going

市场潜力主要有市场规模、发展潜力和服务成本三个方面。通过这三个方面的分析，就可以评估出该细分市场的潜力。

其次，企业应该考虑到该细分市场是否具有长期赢利的发展趋势。如果该细分市场不具备长期赢利的发展潜力，那么无论该市场规模有多大，企业都不必选择进入。

最后，企业还要考虑该细分市场是否符合企业的目标和能力。虽然有的细分市场具有很好的赢利前景，但是不适合本企业，会分散企业的精力，增加企业的负担，这样的市场企业应考虑放弃。

企业最佳选择方式

选择利润较少的客户群体还是选择利润较多的客户，这要看各个营销前景的期待价值。假设与顾客甲的订单是1万元，顾客甲的购买概率为80%，那么对顾客甲的期待值就是8 000元。而顾客乙购买10万元的商品的概率为30%，那么对顾客乙的期待值就是3万元。由此看来，虽然顾客乙的购买概率不高，但是一般的销售负责人，仍旧会将销售的重点目标锁定在顾客乙身上。原因是他们认为从富人那里获得10万元，远远比从十多个一般的顾客那里取得相应的订单要容易得多。

其实，最佳的营销方式应该是在努力说服顾客乙的同时，设法多培养出几个顾客甲，这样才会为企业带来更大的利益。

企业最佳选择方式

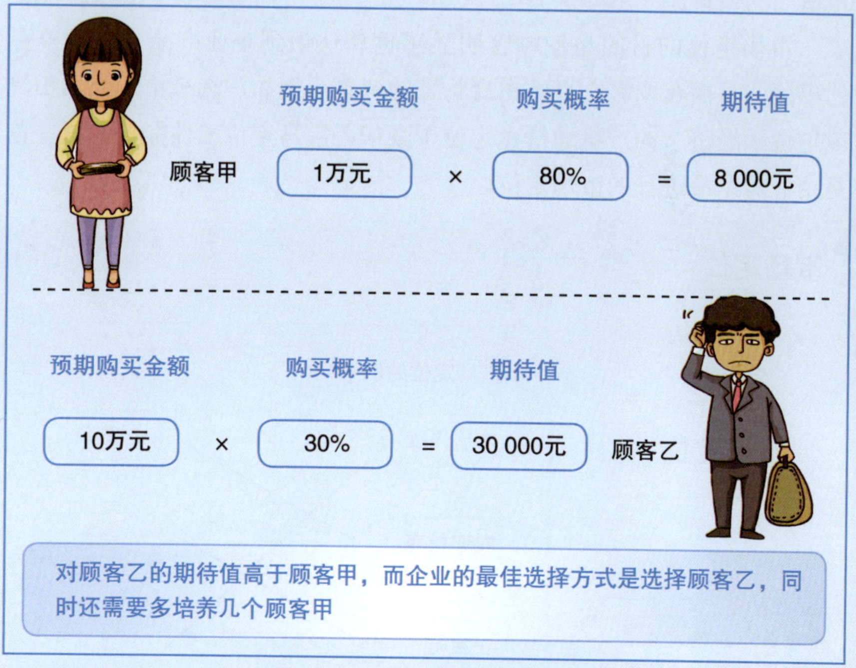

市场定位

企业在细分市场和选定目标市场之后，就要对产品进行定位，让产品在该细分市场中与众不同，并确定它在市场中的地位。

什么是市场定位？

市场定位简言之就是企业及产品确定在目标市场中所处的位置。市场定位最初由美国的营销学家艾•里斯和杰克·特劳特在20世纪70年代提出的。它是指企业针对潜在顾客的心理进行营销设计，将企业在目标顾客的心中赋予某种形象或某种个性特征，从而使该产品在市场中确定适当的位置。

市场定位的目的是使顾客明显感觉和认识到企业产品与其他产品的不同，从而在顾客心目中占有特殊的位置。例如，汽车市场上本田飞度定位于经济节约，凯迪拉克定位于豪华，宝马定位于性能等，这些都是企业对产品进行的市场定位。

市场定位

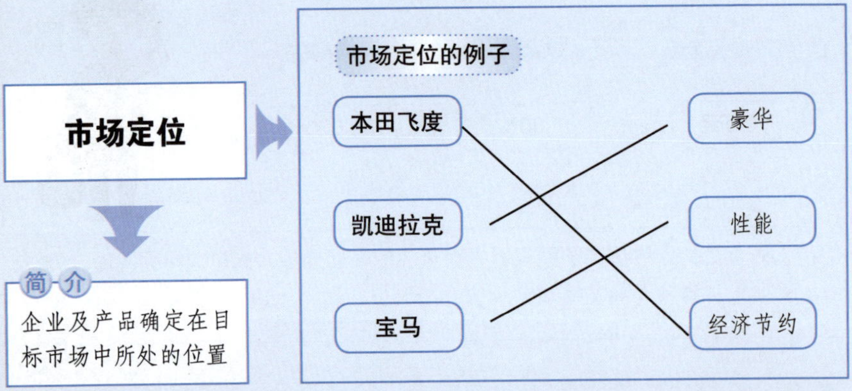

市场定位的步骤

企业想要在市场上成功定位，那么必须通过三大步骤来完成。首先，企业要分析目标市场的现状，确认潜在的竞争优势。企业在这一步骤中要确定三个问题：一是竞争对手的产品是怎么定位的？二是目标市场中顾客还需要什么？三是潜在顾客真正需要企业做什么？企业市场营销人员必须通过调研，分析研究以上三个问题，从而明确自己的优势在哪里。

其次，企业应该准确选择竞争优势，将产品在目标市场进行初步定位。企业通常会在这一步骤采用分析比较的方法，与竞争者在经营管理、技术开发、采购、生产、市场营销、财务和产品七个方面进行比较，进而确定企业在目标市场中的位置。

最后，企业要显示独特的竞争优势并重新定位。这一步骤的主要任务，一是企业要通过一系列的宣传，将其独特的竞争优势传递给潜在顾客，因此，在这之前企业应该使目标顾客了解和认同本企业的市场定位；二是企业要努力稳定目标顾客的态度和加深与目标顾客的感情；三是企业应及时纠正与市场定位不一致的形象，必要时企业要进行重新定位。

小故事

正确定位——王老吉走红

作为一种凉茶，王老吉具有清热解毒祛暑湿的作用。在众多老字号凉茶中，王老吉最为著名，堪称凉茶始祖。但是在江浙一带，人们普遍认为传统的凉茶虽去火功效很好，但它毕竟是药，不能常喝，所以需求量不大。为了求得更大的突破,王老吉企业对市场进行调查。通过调查发现，消费者购买王老吉饮料是为了“预防上火”，而不是作为药物使用。

于是，王老吉将产品定位于饮料，面向全国市场。他们在广告中将这一新的定位，准确地传递给了消费者，王老吉迅速被人们认可。

市场定位的三个步骤

1 分析目标市场的现状，确认竞争优势 → 1.竞争对手如何定位？2.顾客还需要什么？3.顾客需要企业做什么？

↓

2 选择竞争优势，初步定位 → 在经营管理、技术开发、采购、生产、市场营销、财务和产品七个方面与竞争企业进行比较

↓

3 显示独特的优势并重新定位 → 及时纠正与市场定位不一致的形象，必要时重新定位

有效地宣传

企业做好市场定位后，必须进行有效的宣传。除了向消费者准确传递企业的理念外，还要给消费者留下深刻的印象。例如沃尔沃公司将其产品定位为“最安全的汽车”后，公司便利用各种媒体，向消费者传递公司的这种理念，同时该公司还在广告和促销中将安全的主题传递给消费者。

Easy-going

市场定位并不是要在你的产品上做点什么，而是你要在潜在消费者的心中做点什么。市场定位是要让消费者将你的企业与其他企业区分开来，让消费者认识到企业的独特特征，从而确立企业在顾客心中占有的特殊位置。

市场定位的宣传方式

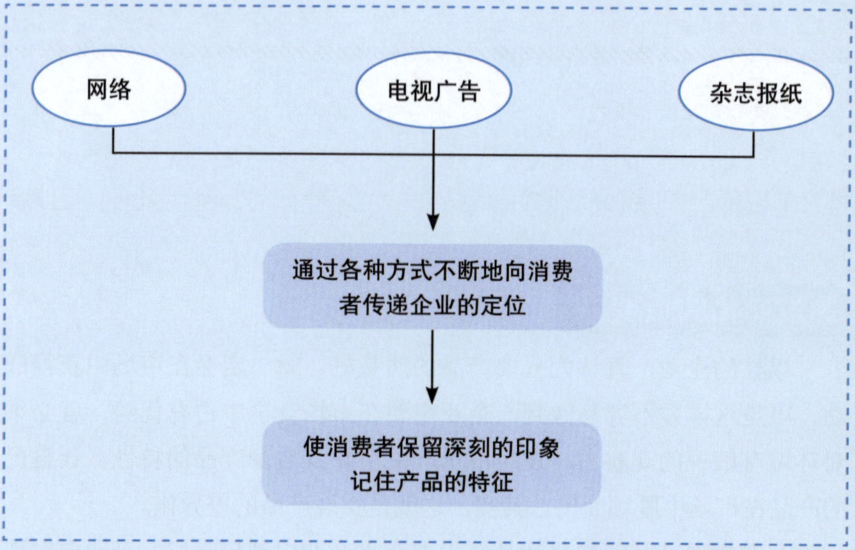

More

市场定位的几种策略

避强定位策略：避强定位策略是指企业避免与实力最强的企业发生直接的竞争，而是将自己的产品定位于另外一个市场区域。

迎头定位策略：迎头定位策略是指企业为了占据市场最佳的位置，与市场上实力最强或较强的竞争对手发生正面竞争，目的是使自己的产品进入与对手相同的市场位置。

创新定位策略：创新定位策略就是企业不断地寻找市场上的空缺，然后迅速占领市场。

重新定位策略：如果消费者的偏好发生变化，企业就应当考虑重新定位。重新定位是以退为进的策略，目的是为了实施更有效的定位。

差异化

即使提供好的东西，那也不一定能够获胜。企业想要在激烈的竞争中获胜，就必须展现出自己产品的与众不同之处。如何展现产品的优势？本节将会给你答案。

差异化的重要性

以往的企业一直认为只要产品的质量好，就一定会在市场中获得成功。可是这样并不容易做到，企业想要在市场竞争中占有优势，就必须对环境有敏锐的观察力，发现市场产品空缺及自身产品的特性，让自己的产品在市场中脱颖而出。其实，这就是实现产品的差异化。

企业实现产品差异化就是要力求在本产业中独树一帜。企业要实现差异化可以从产品的内容入手，比如在产品的设计与生产、交货系统及其促销活动等方面做到优于同行业的其他企业。

化妆品的差异化

雅格丽白 → 植物、关怀、天然、呵护

白大夫 → 美白

美肤宝汉方经典 → 植物草本、自然养颜

发现市场产品空缺及自身产品的特性，才能做到独树一帜，在市场中脱颖而出

小故事

较少的利益，更低的价格

在很多情况下，消费者不愿选择最佳、最全的产品和服务，他们会选择一些次优的服务和产品。例如许多人在住宿的时候，不愿为一些附属的游泳池和餐厅等服务项目花钱。不要以为企业提供更少的服务，就不赚钱，提供较少的服务和更低的价格一样可以赚钱。

美国盈利水平最高的西南航空公司，就是一家为顾客提供较少服务的公司。一开始，西南航空公司就将自己定位于“唯一一家没有附加服务的低价航空公司”。的确，西南航空公司不为乘客提供三餐，不设头等舱，而且它从来没有预订座位这一说。但它总是准时地将顾客送达目的地，最重要的是它价格低廉，且吸引了很多准备乘坐汽车的顾客。凭借出色的服务和较低的价格，西南航空公司才一直保持着高盈利。

产品差异化的途径

获得差异化的途径有很多，关键是这种差异点必须是可持续保持的。差异化的价值观包括两方面，即更低的购买成本和更超值的产品。获得产品差异化的三个主要途径：

功能创新：这种创新能满足从未出现过的需求。企业以不断发明创新，不断申请专利保护，以求维持合法技术垄断，保持差异化优势。

改善性能：企业对产品的性能或服务进行改良。

量身打造：产品针对每个群体甚至每个人的不同需求，进行“量体裁衣”“量身打造”，顾客的需求得到了最大满足。

差异化的可能性

根据产品的不同，差异化也会随之发生改变。有的产品差异化的可能性就比较大，而有的产品差异化的可能性相对而言就很小。比如汽车和服装这些商品的差异化就比较丰富；而药品、塑料就属于差异化较小的商品，原材料行业很难使产品产生差异化，因此，价格就成为企业获胜的关键。

企业必须经常摸索商品差异化的可能性。比如从缩短商品研发到交货时间、提升附加价值、增加顾客满意度等方面入手，只有不断寻找商品差异化的可能性，才有可能使企业在激烈的竞争中获胜。

差异化价值主张

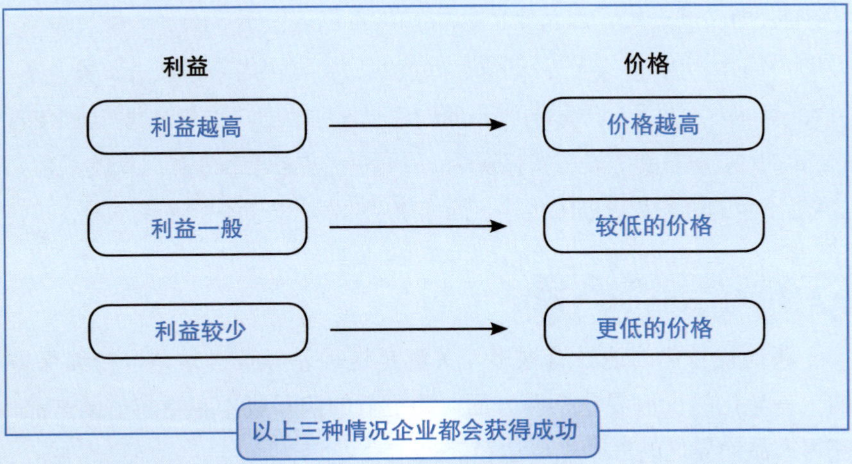

More

企业的符号

企业的符号是企业的标志，也是使用最多、给顾客印象最深且容易识别的标志。如今，人们记住的符号有麦当劳的金色拱门、耐克公司的对钩、奔驰公司的三叉星、谷歌公司的多彩标志等。它们都涵盖了企业的产品和服务，通过不断地刺激和反复地出现，深深地留在了大众心中。

营销组合

营销组合是一种营销战术，它是企业为了达到营销目标和用于制造其想要的顾客反应而使用的可控的营销战略工具。

4P 理论

4P 理论是由美国营销学学者麦卡锡教授在 20 世纪 60 年代提出的。营销组合有四组变量，它们影响着企业产品需求的所有战略，我们简称它为 4P。4P 即产品（Product）、价格（Price）、渠道（Place）和促销（Promotion）。

1. 产品

产品即企业提供给消费者的产品和服务。例如买车者在购买宝马汽车时，整辆宝马车以及宝马公司所提供的全面服务都是买车者所购买的产品。

2. 价格

价格是指企业按照市场规律，通过制定价格和变动价格等方式来实现营销目标，其中主要包括基本价格、折扣价格、付款时间、借贷条件等，产品的定价依据企业的品牌战略。

3. 渠道

企业不会直接面对消费者，而是通过经销商的培育和销售网络的建立来建立间接的关系。渠道主要包括分销渠道、储存设施、运输设施、存货控制等。

4. 促销

促销是经销商说服顾客购买产品的活动。促销实质上是一种沟通活动，即营销者把信息传递给顾客，以达到刺激其购买的目的。常用的促销手段有电视广告、人员推销、网络营销、营业推广等。

营销组合中的4P

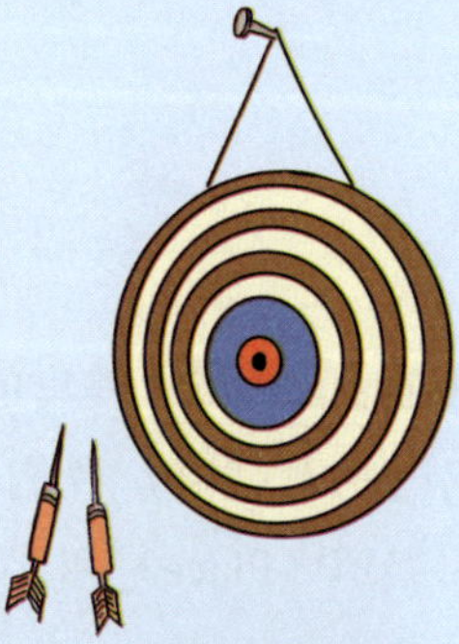

目标市场

产品
质量、设计、品牌、特色、服务、包装等

价格
标准价格、折扣、折让、付款期限

渠道
分销渠道、储存设施、运输设施、存货控制

促销
广告、人员推销、公共关系

新营销组合 4C

4C 理论是由美国营销专家劳特朋教授于 1990 年提出的。营销 4C 是以消费者的需求为导向，重新设定了市场营销组合的四个基本要素：顾客（Customer）、成本（Cost）、便利（Convenience）和沟通（Communication）。它强调的是企业应把追求顾客满意度放在第一位，然后再努力降低顾客的购买成本，为顾客提供便利，最后还应以消费者为中心实施有效的营销沟通。

1. 顾客

在如今以顾客价值为王的时代，零售企业更应该考虑顾客的需要和欲望，一切“以顾客为中心”，站在顾客的角度，研究顾客的购买行为，更好地满足顾客的需求。

2. 成本

顾客在购买商品时，耗费的资金、时间、精力和体力，就是顾客购物的总成本。零售企业必须为顾客考虑努力降低购买商品的总成本，如降低商品进价，从而降低商品价格，还要尽可能地为顾客节约时间，并为顾客提供良好的售后服务。

3. 便利

零售企业在选择地理位置时，应优先考虑如何使消费者容易到达。同时，在商店的设计和布局方面要考虑方便消费者进出，方便消费者付款结算等。

4. 沟通

零售企业必须不断地与消费者沟通，向消费者提供有关商品的信息，说服消费者购买商品，并在消费者的心目中树立良好的企业形象。这样做有利于企业在激烈的市场竞争中长期发展。

4P理论和4C理论对比图

4P 理论	4C 理论
产品：企业提供给消费者的产品和服务	顾客：一切“以顾客为中心”，站在顾客的立场上，研究顾客的购买行为
价格：顾客购买产品所支付的货币	成本：顾客在购买商品时，耗费的资金、时间、精力和体力
渠道：通过分销商，企业与消费者建立间接的关系	便利：考虑使消费者容易到达的地理位置
促销：产品经过一定的渠道，到达消费者手中的活动	沟通：与消费者沟通，树立良好的企业形象

第4篇

客户满意度与建立客户关系

尽量保证重要顾客的满意是杰出的市场营销企业的一贯做法。因为只有高水平的顾客满意度，才会赢得顾客较高的忠诚度，这样的企业才会不断赢利。聪明的企业管理者会将目标定位于取悦顾客上。

本篇教你：

- 认识提升顾客满意度的重要性
- 创造顾客忠诚度和维持顾客
- 认识顾客价值并将顾客价值最大化
- 利用顾客忠诚度进行营销
- 利用资料库进行营销

顾客满意度

科特勒主张顾客至上，因此他对顾客满意度非常看重。他认为提升顾客满意度是企业首先应该考虑的问题。

顾客满意度的实质

顾客满意度是指顾客对企业明示的、隐含的或必须履行的需求或期望被满足 de 程度的感受。顾客购买商品前心里会有一个期待值，购买之后顾客会有一个对产品的感受，购买前的期待值与购买后的感受效果之间的差距就是顾客的满意度。

Easy-going

顾客满意度等于顾客购买产品所持的期望减去顾客购买后的认知感受。当顾客期望大于购买后的认知结果时，顾客就会感到不满意；当顾客的期望小于购买后的感受时，顾客就会感到满意。

顾客满意度是一个变动的目标，不同的顾客满意度也不同。企业只有非常了解不同顾客群体的满意度因素，才有可能实现100%的顾客满意度。顾客选择商品的基本因素有产品品质、附加价值、售价、风格、材质、功能、规格等。

顾客满意度的七个等级

顾客满意度等级是指顾客在购买产品或服务之后，所产生的满足状态的等级。它是一种心理状态，即一种自我体验。心理学家将其划分为七个或五个等级。七个等级：很不满意、不满意、不太满意、一般、较满意、满意和很满意。五个等级：很不满意、不满意、一般、满意和很满意。顾客满意度七个等级的参考指标如下：

很不满意：顾客购买产品和接受服务后表现愤慨、恼怒或者投诉产品，会对产品进行反宣传。

不满意：顾客在购买或消费某种商品或服务后所产生的气愤、烦恼的状态。这种情况下，企业可以通过一定方式对顾客进行弥补，挽回顾客关系。

不太满意：顾客购买商品或接受服务后产生的抱怨的状态。在这种状态下，顾客一般不会对企业产品进行反宣传。

一般：顾客在购买商品或接受服务后没有明显的情绪变化，认为产品说不上好，也说不上差，还算过得去。

较满意：顾客购买某种商品或接受服务后，对产品和服务进行肯定和赞许的状态。在这种状态下，产品或服务与其期望还有一定的距离，但比起更差的产品顾客还算比较满意。

Easy-going

吸引并留住顾客是企业面临的难题，同时也是提升顾客满意度的关键。企业只有为顾客提供最高的顾客价值，才会获得顾客最高的忠诚度。

小故事

拥有顾客资产就拥有了未来

凯迪拉克是一家豪华轿车制造商。1976 年，凯迪拉克已经占领了豪华轿车市场一半的份额。然而，凯迪拉克却没有发现它们的顾客正在逐渐老去,很多凯迪拉克的顾客也不再打算买一辆轿车了。不久，宝马便迅速占领了市场，拥有了具有终身价值的年轻顾客。结果，几年后宝马的销量逐渐上升，而凯迪拉克的财富却在锐减。后来，凯迪拉克认识到拥有顾客资源的重要性，于是便将跑车车型设计得更加时尚，并将目标锁定在年轻顾客身上。不久，凯迪拉克的销量就上涨了 35%。可见，公司拥有顾客资源是多么重要。

满意：顾客在购买完商品后觉得满意、对产品进行赞扬，这种状态就是满意状态。在这种状态下，产品基本上达到了顾客的期望值。顾客乐于向朋友推荐，并会成为企业的忠实顾客。

很满意：顾客由于对购买的商品非常满意而形成的激动、满足、感谢的状态。在这种状态下，产品大多会超出顾客的期望，并为顾客带来意外的满足。这时顾客会尽力向亲朋介绍推荐产品，成为企业高忠诚度的顾客。

提升顾客满意度

科特勒认为提升顾客满意度是营销方式的一种。顾客如果对企业产品的满意度高，那么顾客除了会毫不犹豫地选择企业产品外，还会尽力将产品推荐给更多的人购买，这样企业便会取得更大的市场份额。因此，吸引和留住顾客非常重要。企业想要留住顾客就要取悦顾客，而取悦顾客就要为顾客提供更多的价值，其中杰出的服务是重要的一部分。例如，雷克萨斯在顾客满意度方面的排名始终处于前列，该公司的理念就是“雷克萨斯将使每位顾客宾至如归”。

研究数据显示，顾客每 4 次购买活动中，就会有 1 次不满意，而且这些不满意的顾客，只有 5% 以下的人会向企业抱怨。在很多情况下，顾客会觉得他们的抱怨无关紧要，或者觉得这样的抱怨行为有点傻，或者认为就算抱怨了也没有人理解。

在这种情况下，大多数顾客会选择少买或转向其他供应商，而不是一味地抱怨。结果，公司就流失了顾客。因此，公司不能以抱怨程度来

More

全球最大的数字与信息技术产品生产商施乐公司发现，非常满意的顾客愿意与企业维持长期的关系，而且比满意度一般者愿意购买更多的施乐产品。统计表明，非常满意的顾客对施乐盈利的贡献是满意度一般的顾客的 10 倍。

衡量顾客满意度。聪明的公司会通过定期调查，直接测定顾客状况，比如，公司会随机抽取顾客作为样本，向这些顾客发送问卷，或者打电话询问，从此来获取顾客对公司各方面满意度的有关信息。

国际质量管理体系 ISO 9001：2000 的第 8.2.1 条明确指出：“组织应监控顾客满意和不满意的信息，作为对质量管理体系业绩的一种测量。”此条还详细说明了顾客满意程度的测量和监控方法，及如何搜集顾客的信息等。

顾客满意度的七个等级

1.很不满意
顾客表现愤慨、恼怒或者投诉产品，会对产品进行反宣传

2.不满意
顾客产生的气愤、烦恼的状态，但可挽回顾客关系

3.不太满意
顾客产生的抱怨的状态，但一般不会对企业产品进行反宣传

4.一般
顾客没有明显的情绪变化，认为产品说不上好，也说不上差

5.较满意
顾客对产品和服务进行肯定和赞许，但与期望值还有一定的距离

6.满意
顾客对产品和服务进行肯定和赞许，基本上达到了期望值

7.很满意
顾客对购买的商品或服务非常满意，而形成的激动、满足、感谢的状态

More

企业想要挽留住老顾客，就必须找到满足现有顾客需求的策略，也就是不断为顾客创造价值。企业挽留老顾客的方法有折扣、特别邀请、定期打回访电话、节日发祝福语、优先让老顾客得知企业的优惠。

关系营销

很多企业认为，只要不断开拓新客户，就能保证企业效益不断提高。殊不知，与客户建立良好的营销关系更为重要。

什么是关系营销

对于关系营销，不同的专家学者有不同的定义。科特勒认为，关系营销指的是通过与客户保持密切的互动关系，全面了解客户的消费心理和需求，以此为基础，向客户提供产品或服务，从而产生最高客户满意度的一种营销模式。

Easy-going

科特勒认为，只要减少5%的顾客丢失率，就可以增加25%～85%不等的效益。

以往的营销活动，企业把大部分时间和金钱都花费在开发新客户上，对客户的开发持非常重视的态度。但在近几年的研究中发现，开发新客户所消耗的成本，是维护老客户成本的五倍，甚至更多，而且新老客户为企业创造的价值大致相同。

研究还表明，全球企业的总体失客率正在逐年增长。以美国的通信业为例，该行业每年平均丢失25%的移动电话客户，每年损失高达20亿～40亿美元。美国通信业失客率逐年攀升的主要原因在于网络的大众化。每一个客户都可以轻松方便地上网进行查寻，在与各通信公司的产品与服务进行比较后，从而做出选择。

有时候，关系营销具有偶发性，可能会在特定的时间和空间条件下，由于偶然的机遇而发生。比如某企业的营销员在车上与同座的旅客闲谈中，偶然地完成一笔交易。这种偶然性的交易，成交额或许微不足道，或许相当可观。

这种偶然性的关系营销具有突发性、短暂性和不确定性的特点，但非常有可能成为企业扩大市场占有率、开发新产品的契机。如果能很好地抓住这种机遇，或许可以成为一家企业兴旺的关键。

关系营销的要素

科特勒认为，在开展关系营销时，必须要考虑两大要素：转换成本与顾客满意度。

1. 转换成本

转换成本指的是某种产品的使用者改用其他的产品时所消耗的成本，包括产生额外支出、花费时间与精力去熟悉产品，新产品能否满足消费者的需求等。比如微软操作系统的用户，改用苹果操作系统，除了会增加支付成本外，还要花大量的时间去学习了解新的操作系统，费时、费力又费钱，因此，转换成本较高。

2. 顾客满意度

顾客满意度指的是企业的产品或服务能在多大程度上满足顾客的

小故事

赛百味是美国三明治特许经营商，不论在什么地方，赛百味在很大程度上都依赖常客优惠活动打造客户忠诚度。这包括在客户第一次惠顾时赠予会员卡，使之成为赛百味俱乐部会员；以后每次惠顾和购买，顾客的会员卡都会被加分，达到一定数量的消费后，他们就会被奖励一份免费的赛百味产品。

赛百味负责特许经营开拓的总监德密斯说，关系营销和忠诚度营销仍然是赛百味营销战略的基石。“我们在当地营销和维护客户忠诚度的活动包括三方面：客户意识、试用和消费量。所有受许商都为全国性广告出资，但我们在每个区域都建了相关部门，决定那笔钱如何花。”

消费需求。科特勒认为，如果一家企业在市场中拥有绝对的客户满意度，企业只需在转换成本上稍作努力，就可以轻松赢得客户，使关系营销产生最好的效果。

搜集顾客满意度信息的方法多种多样，包括口头形式和书面形式，其中应用最广泛的方式有七种：顾客投诉、与顾客的直接沟通、问卷和调查 、密切关注的团体、消费者组织的报告、各种媒体的报告和行业研究的结果。

关系营销

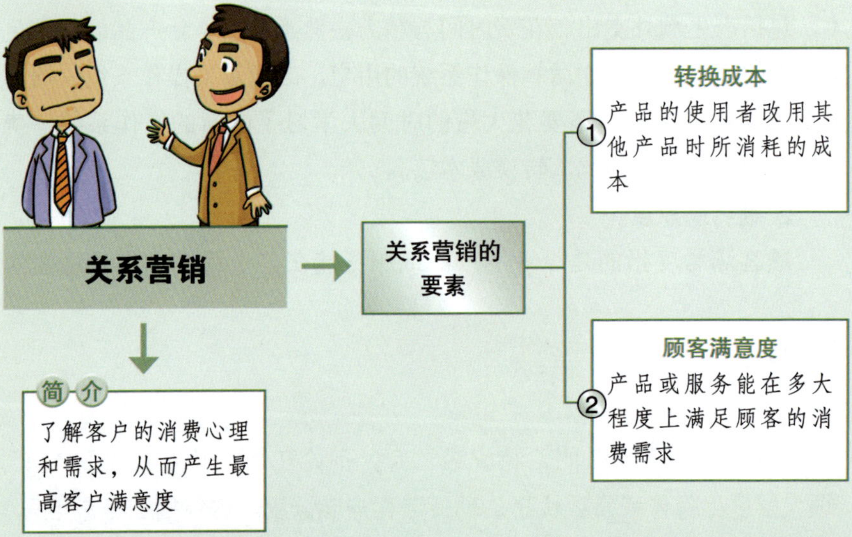

More

获得新客户并不意味着企业的效益就增加了。如果开发、维护一个新顾客的成本是100元，而这个新顾客为企业创造了80元的价值，那么，企业的效益不但没有增加，反而下降了。

顾客价值

企业创造的顾客价值越高，顾客对企业的忠诚度也越高，就有可能重复购买。对于企业来说，只有这样才能保证更为长久的经济效益。

顾客价值的含义

科特勒认为，顾客价值指的是顾客为企业创造的价值。顾客价值可以用下面的等式来表示：

总顾客收入－总顾客成本＝顾客价值

式中，总顾客收入，指的是顾客购买产品或服务，为企业创造的收入。总顾客成本指的是企业获得和维持顾客所消耗的成本。如果总顾客收入与总顾客成本的差额为正数，则说明产生了顾客价值，差值越大，顾客价值就越高；如果两者的差额为负数，则表明企业的效益受到了损失，差值越大，损失就越大。

比如A和B两家汽车公司，A汽车公司生产的汽车成本为10万元（总顾客成本），售价20万元（总顾客收入），B汽车公司生产的汽车成本为15万元（总顾客成本），售价30万元（总顾客收入），而且A和B两家公司的汽车性能相似、款式相近（当便于理解，将总顾客收入、成本等同于产品的售价、成本）。

如果一位顾客C买了A公司生产的汽车，而没有买B公司生产的汽车，那么A公司的顾客价值就是：

总顾客收入（20万元）－总顾客成本（10万元）=顾客价值（10万元）

而B公司的顾客价值就是：

总顾客收入（0万元）－总顾客成本（10万元）=顾客价值（负10万元）

因为顾客C买了A公司的汽车，没有买B公司的汽车，所以A公司的总顾客收入是20万元，B公司的总顾客收入是0万元。

同理，如果顾客C买了B公司的汽车，而没有买A公司的汽车，那么A公司的顾客价值就是负10万元，而B公司的顾客价值就是15万元。

顾客价值

总顾客收入	＞	总顾客成本	⇒	产生顾客价值，差值越大，顾客价值越大
总顾客收入	＜	总顾客成本	⇒	没有产生顾客价值，差值越大，企业亏损越大
总顾客收入	＝	总顾客成本	⇒	没有产生顾客价值，既无盈利，也无亏损

影响获取顾客价值的因素

科特勒认为，企业获取顾客价值，主要有三个因素：顾客忠诚度与顾客维护、顾客份额和顾客资产。

1. 顾客忠诚度与顾客维护

顾客忠诚度指的是顾客对某一产品或服务的忠诚程度。顾客维护指的是与既有顾客保持良好的互动关系。良好的顾客户关系不仅可以获得顾客的忠诚度，还可以通过这些顾客传播与企业有关的正面口碑，建立良好的企业形象。

Easy-going

顾客终身价值，是顾客在一生当中的消费为企业创造的价值。

根据顾客忠诚度的高低，科特勒将顾客分为三类：完全满意的顾客、一般满意的顾客和不满意的顾客。即使顾客完全满意度略有下降，也可能会导致顾客忠诚度的大幅下滑。因此，要想获得顾客价值，不仅要创造顾客对产品或服务的忠诚度，还要维护既有顾客，建立良好的关系。

科特勒经过长期研究，指出，失去一位顾客，不仅失去了顾客这一次交易所创造的价值，更失去了顾客终身所创造的价值。更有甚者，顾客向其他人传播有关企业的负面消息，既影响企业信誉和形象，又使企业在更广的范围失去了更多的顾客。比如，雷克萨斯公司失去一位顾客，就等于失去了60万美元的顾客终身价值；而塔可钟公司失去一位顾客，就等于失去了12 000美元的顾客终身价值。因此，提高顾客忠诚度与维护顾客长期互动关系，对企业来说具有重大的经济价值。

2. 顾客份额

科特勒把顾客份额定义为“本公司产品在顾客购买的全部同类产品中所占的比例”。企业与顾客维持良好的互动关系，不仅可以获得较高的顾客终身价值，还可以提高顾客份额。例如，饭店希望得到更多的“胃口份额”，超市希望获得更多的“消费份额”，客运公司想要获得更多的“旅行份额”，银行希望增长储户的“资金份额”。

科特勒认为，企业想要增加顾客份额，就必须为既有顾客提供多样化的产品或服务，或者是培训企业员工进行向上销售、交叉销售等。

比如，美国网络电子商务公司亚马逊成立之初只经营书籍的网络销售业务，为了增加顾客份额，亚马逊扩大了产品的经营范围。到目前为止，经营范围包括影视、音乐、游戏、数码下载、电子产品、家居园艺用品、玩具、汽车、婴幼儿用品、食品、服饰、鞋类、珠宝、健康用品、体育用品及工业用品等。而且还依据顾客的购买历史，为顾客建立“资料库”，向顾客推荐他们可能感兴趣的产品。

3. 顾客资产

科特勒认为，顾客资产就是企业所有的既有客户与潜在客户为企业创造的终身价值的总和。用公式表示为：

顾客资产 = 既有顾客终身价值 + 潜在顾客终身价值

企业的顾客份额表示的是过去，而顾客资产预示着未来。一家企业的顾客份额很高，这并不代表该企业有着巨大的顾客资产，因为该企业的潜在顾客终身价值可能已经殆尽。

Easy-going

之所以称为蝴蝶，是因为这类顾客像蝴蝶一样，享受一会儿就会飞走。之所以称为船底的贝壳，是因为这类顾客像贝壳一样，死死地黏在船底，延缓了船的行进速度。

科特勒根据顾客的潜在赢利性，把顾客分为四类：“陌生人”“蝴蝶”“真正的朋友”“船底的贝壳”，针对不同类型的顾客，实行不同的营销策略。

“陌生人”指的是具有较低的预期忠诚度和潜在赢利性的顾客。

“蝴蝶”指的是具有较低忠诚度，但有较高潜在赢利性的顾客。

“真正的朋友”指的是具有较高忠诚度和赢利性的顾客。

“船底的贝壳”指的是具有较高忠诚度，但只有较低赢利性的顾客。

在科特勒看来，对于“陌生人”，企业可不予任何考虑；“蝴蝶”往往是一次性高利润消费，企业应该用闪电快攻的方式与之进行交易，不宜采取进一步的投入；“船底的贝壳”给企业带来的利润微薄，如果对他们的投入小于他们为公司创造的价值，就应该果断放弃；而对于“真正的朋友”，企业要与他们建立长期的互动关系，在满足他们需要的同

小故事

一位顾客等于 5 万美元

对于美国斯图·伦纳德奶制品商店来说，每当一位顾客生气地从商店走出的时候，5 万美元也会跟着飞出去。斯图·伦纳德的顾客平均每周消费 100 美元，一年购物 50 周，终身消费的时间大约为 10 年。丢失一位顾客，就等于丢失了 5 万美元（100 美元 ×50 周 ×10 年）。

斯图·伦纳德商店有两条规定：第一条——顾客永远是对的；第二条——如果顾客错了，请参照第一条。

时，为企业创造高额的利润。

影响获取顾客价值的因素

影响因素

- **顾客忠诚度与顾客维护** → **①顾客忠诚度：**顾客对某一产品或服务的忠诚度
  ②顾客维护：与既有顾客保持良好的互动关系
- **顾客份额** → 本公司产品在顾客购买的全部同类产品中所占的比例
- **顾客资产** → 企业所有的既有顾客与潜在顾客为企业创造的终身价值的总和

顾客资产计算公式

顾客资产 = **既有顾客终身价值** + **潜在顾客终身价值**

More

向上销售又称为逆销，指的是根据既有顾客过去的消费偏好，向其提供更高价值的产品或服务，以刺激顾客进行更多的消费。

交叉销售指的是借助客户关系管理，发现顾客的多种需求，满足他们多种需求的营销方式。

忠诚度营销

科特勒认为，现代营销方式不以售出产品为目的，而是以赢得顾客忠诚度为最终目标，与顾客建立中长期的良好互动关系。

集点奖励制度

在现代营销活动中，除了最大限度地满足顾客需求外，营销人员还要利用特定的营销工具加强与顾客的关系，提高顾客对企业产品或服务的忠诚度。科特勒认为，提高顾客忠诚度最常用的方式就是集点奖励制度。集点奖励制度，是指企业对频繁购买或大宗购买的顾客，提供一定的点数，当点数积累到一定的程度，就可以兑换企业的商品或服务。

现在很多大型超市都会为经常光临的顾客办理“会员卡”，通过刷卡消费就可以得到一定的积分，当积分累积到一定程度后，就可以兑换超市里相应的商品。

集点奖励制度

集点奖励制度

顾客累积企业提供的点数，以兑换相应的产品或服务

实例 →

- 出门坐车旅行，有里程累积卡
- 给心爱的汽车加油，有油量累积卡
- 去餐馆吃饭，有消费积分卡
- 洗澡有会员积分卡
- 理发有会员积分卡
- 去超市购物，有会员积分卡
- 去酒店住宿，有积分折扣卡

忠诚度的极限

科特勒说，顾客的忠诚度是有极限的。因为现在实行集点奖励制度的企业不止一家，而互联网和计算机技术的飞速发展，赋予顾客更大的权利和控制力。顾客可以在更广泛的范围内对各企业提供的产品或服务进行比较，从中选择最适合自己的产品或服务。那些顾客忠诚度不高的企业，就很有可能因此丢失很多顾客，造成巨大的损失。

所以，企业有必要维护与顾客的长期关系，在不干涉顾客自主选择的前提下，通过一定的营销战略来吸引顾客，建立更深层次、更持久、更有意义的顾客关系，才是长久的营销之道。

忠诚度营销的两个极端

企业可以在多个层次进行忠诚度营销。科特勒认为，忠诚度营销存在两个极端：

企业拥有的顾客，数量众多，但是利润率较低；

企业拥有的顾客，数量较少，但是利润率很高。

在前一种极端情况下，企业不会与所有的顾客都建立全面的忠诚关系，而是只与他们发展基本的顾客关系，比如宝洁公司，不会与所有使用汰渍的顾客建立全面的忠诚关系，而只是通过广告、销售促进或汰渍

小故事

内曼·马库斯是美国以经营奢侈品为主的连锁高端百货商店，此商店为了提高顾客忠诚度，创造了IC(In Circle)奖励制度项目。商店为每年消费5 000美元的顾客办理IC信用卡，称为IC会员。会员每次购物都有积分，消费1美元积1分。积分为5 000分的会员，可以到“纽约最火的餐馆”享用一顿双人免费午餐；而积分为500万分的会员，会得到量身定制的价值200 000美元的紫貂皮大衣外套和由爵士音乐大师克里斯·博迪表演的私人音乐会。

网站（www.tide.com）建立基本的顾客关系。

在后一种极端下，企业会与关键性的顾客建立全面的忠诚关系，而且这种忠诚程度越高越好。比如宝洁公司，虽然和低利润的众多顾客建立基本关系，但是也和关键顾客，如沃尔玛、西夫韦等几个大型零售商建立亲密合作关系。

Easy-going

西夫韦股份公司是英国四大零售商巨头之一。西夫韦公司曾经投资 6 000 万英镑，建立 ABC 客户忠诚卡。ABC 忠诚卡搜集到了大量有价值的顾客信息，这些信息为西夫韦复杂的商品目录邮寄工作奠定了基础。

忠诚度营销的两个极端

- **顾客数量众多，但是利润率较低** → 只与顾客发展基本的顾客关系
- **顾客数量较少，但是利润率较高** → 与顾客建立全面的忠诚关系

More

针对顾客忠诚度的极限，很多企业制定了专门的策略，与顾客建立更深层次的关系。比如哈雷戴维森机车公司为哈雷摩托俱乐部的用户提供四个项目：两份杂志；一个旅途协助项目；一个被盗补偿服务；“飞翔与驾驶项目”。目前，这个俱乐部拥有 1 500 个地区的 100 万名以上的会员。

从开发新顾客到维持现有顾客

从开发新顾客到维持现有顾客，是营销理论的一次重大变革，这种转变被人们称为“典范转移”。

营销界的“典范转移”

众所周知，生意人做生意的目的就是把做好的东西卖出去，实现利益最大化。这只是单纯的销售方法。事实证明，这种销售方法的最终结果是，尽力销售的产品却日益滞销，不得不走降价的老路，赔本做买卖。

Easy-going

典范转移，又叫“范式转移”，最早是由美国著名哲学家托马斯·库恩提出的。开始这种描述只用于科学范畴，后来应用于其他各学科。

科特勒认为，企业不应该只局限于花大力气将产品销售出去，而是应该将精力集中于如何生产出畅销的产品，实现从“商家向顾客推销产品”到“顾客主动来商店买产品”的转移。

营销界也是如此，企业的营销活动不应只是单方面地一味开发新顾

小故事

雷克萨斯公司有一项“以旧换新”的人性化营销策略。如果一个老顾客想买一辆新的雷克萨斯轿车，工程师会将旧车上的全部资料复制到顾客购买的新车上。比如将旧车上的电台收听频道复制到新车上，让顾客感到这是世界上独一无二的属于自己的雷克萨斯。这种营销策略让雷克萨斯成为全日本销量顶尖的奢侈型轿车。

客，而是应该向“维持现在顾客”的轨迹转移，即所谓的“典范转移”。

迄今为止，大部分的营销理论都是以如何开发新顾客为研究的重点，忽视了企业与既有顾客维持良好关系的重要性。科特勒发现了一种很奇怪的现象：一味注意开发新顾客的商家，顾客流失率相当高；而注重与既有顾客维持良好关系的商家，新顾客却在不断增加。

典范转移

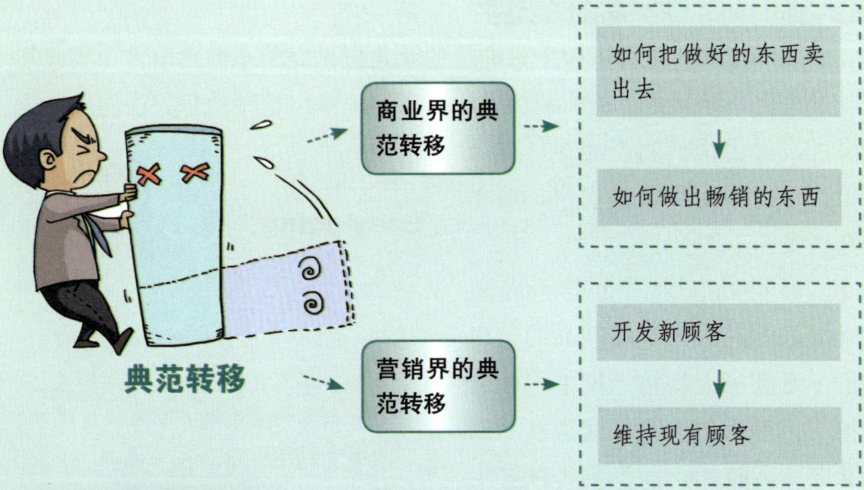

维持现有顾客

企业要想有效地维持现有顾客关系，最基本的做法就是创造顾客满意度。顾客满意度高低取决于产品或服务的质量与消费者预期之间的差距大小。如果产品的质量超过消费者的购买预期，顾客就会有高度满意感；如果产品质量等于购买预期，顾客就会比较满意；如果质量低于购买预期，顾客就会不满意。聪明的商家会向顾客传递较低的承诺，却在营销活动中传递较高的承诺，以此来取悦顾客。

科特勒通过具体的实例数据，来说明维持现有顾客的重要性。

比如一家企业开发一位新顾客，需要访问的次数为 4 次，每次花费大约 300 美元。顾客对公司的忠诚度一般为 2 年，每年顾客创造的价值为 5 000 美元，企业的获利率为 10%。

从中可以计算出：

企业开发一位新顾客付出的成本为：4×300 美元 =1 200 美元

这位顾客为企业创造的利润为：2×5 000 美元 ×10%=1 000 美元

该企业付出了 1 200 美元的新顾客开发成本，却只获得了 1 000 美元的收益。

注重开发新顾客的企业，其营业额可能在短时期内会大幅度上升，但是如果持续这种不合理的资金投入，早晚会让企业蒙受巨大的经济损失。

顾客满意度

产品或服务质量 ＞ 顾客预期　顾客高度满意

产品或服务质量 ＜ 顾客预期　顾客不满意

产品或服务质量 ＝ 顾客预期　顾客比较满意

More

虽然很多企业力争提供比竞争对手更高的顾客满意度，但是企业不会倾尽全力让顾客满意度最大化，否则可能会降低利润。这就需要企业在营销活动中处理好盈利与顾客满意度两者之间的微妙关系。因此，营销人员在尽量创造高顾客满意度的同时，却不能亮出他们的“底牌”。

资料库营销

随着互联网和计算机技术的快速发展，企业可以利用顾客数据资料库开展营销活动，从大众化的营销策略转向一对一的人性化营销策略。

资料库营销概述

资料库营销指的是企业将现有顾客和潜在顾客的各类信息，进行有组织的集合，根据这些集合的信息开展营销活动的一种方式。与大众化的营销策略不同，资料库营销采取的是一对一的人性化营销策略。

Easy-going

RFM 模型是衡量客户创利能力的主要工具。该模型通过一个客户最近一次消费 (Recency)、消费频率 (Mrequency) 以及消费金额 (Fonetary) 三项指标来描述该客户的价值状况。

进行有效的资料库营销的前提是必须建立一套全面的顾客数据资料库。最常用的方法是运用 RFM 模型来分析顾客的价值，然后建立顾客数据资料库，并依据资料库的信息，有针对性地对顾客开展一对一的人性化营销。

顾客数据资料库包含的内容主要有：

顾客的人口特征（比如年龄、经济收入、家庭成员、出生年月）

顾客的心理特征（比如日常活动、兴趣爱好、价值观念）

顾客的购买行为（比如购买偏好、购买频率、购买价格、近期购买）

在一些企业，顾客数据资料库是极为庞大的。比如雅虎网站会记录每一位访问者的每一次点击，每天的顾客数据库收入量为 4 000 亿字节，相当于 80 万本书；沃尔玛会收集每个超市每一位顾客每一次的消费数据，目前沃尔玛顾客数据库量超过了 570 万亿字节，比 10 台个人电脑的存储量还要大。

资料库营销的功能

科特勒认为，资料库营销有两大功能：一个是宏观功能，另一个是微观功能。

1. 宏观功能：市场预测和实时反映

企业可以利用“资料挖掘”和“智能分析”对原始资料进行整合，从中发现市场潜在的赢利机会。

比如说，企业通过分析顾客的年龄、性别、爱好、习惯等因素，对顾客的下一次购买活动，做出可能性的预测。通过分析资料库中顾客的有关信息特征，判定产品的营销策略，有针对性地制定促销手段，有助于企业生产市场需要的产品和给产品做出合适的定价，从而提高营销效率。企业可以从国家、地区、邮编、顾客、销售人员和产品等角度，对资料库进行分析，从而比较出不同市场的营销业绩，并以所有可能的方式研究这些数据，找出数字背后的原因，挖掘市场潜力。

小故事

USAA 的资料库营销

美国汽车协会联合服务银行（USAA）根据每一个顾客的购买历史和直接收集到的顾客信息，建立了一个详细具体的顾客数据资料库。USAA 公司经常调查分布在世界各地的 590 万顾客，以保持数据不过时。

USAA 利用资料库，为顾客的特殊需求提供产品或服务。比如对将要退休的顾客，USAA 向其发送地产规则方面的有关信息；对有在读大学生的家庭，USAA 向其提供大学理财方面的有关信息；对有小孩子的家庭，USAA 向其提供儿童教育方面的有关信息。资料库营销，让这家留住 97% 顾客的银行年利润高达 120 亿美元。

2. 微观功能：分析每位顾客的盈利率

企业建立的资料库通常是比较详细、具体的，这就有助于企业深入顾客信息的微观中，计算每一位顾客的盈利率。让企业在保护好自己最佳顾客的同时，抢夺竞争者的最佳顾客；在培养企业极具潜力的顾客的同时，驱逐最差顾客。

Easy-going

随着企业营销管理水平的提升，资料库营销必将得到广泛使用。目前，一些具有领先观念的企业如上海罗氏、广东美的、中国移动等已经建设了 CRM 系统。

比如，美国通用电气公司就针对顾客信息建立了极其详细的资料库。公司可以根据消费者的交易记录，判断哪些顾客对公司感兴趣，哪些顾客是公司的大买主。公司会为这些大买主赠送价值 30 美元的小礼物，来换取这些顾客的下一次交易。

资料库的许可营销

企业进行资料库营销活动时，不能仅局限于为顾客建立一套完整详细的资料库，还必须对顾客资料进行严密妥善的保管。科特勒强调，企业对其顾客开展资料库营销时，必须以获得顾客许可为前提，也就是我们通常说的“许可营销”。

许可营销是指企业在征得顾客的许可之后，通过 E - mail 的方式向顾客发送有关产品或服务的信息，因此，许可营销也被称为 E - mail 营销。许可营销理论是营销专家赛斯•高汀在《许可营销》一书中最早提出的。

许可营销有三个基本因素：基于顾客许可、通过电子邮件传递信息、信息对顾客是有价值的。三个因素缺少一个，都不能称为许可营销。

许可营销相比滥发邮件的 E - mail 营销有很明显的优势，许可营销可以减少广告对用户的骚扰、准确定位潜在顾客、增强与顾客的关系、提高顾客的品牌忠诚度等；而滥发邮件的 E - mail 营销，由于总是向顾客发送骚扰性质的垃圾邮件，往往起到相反的作用。许可营销是资料库营销方法中相对独立的一种，既可以与其他网络营销方法相结合，也可以单独使用。

资料库的许可营销

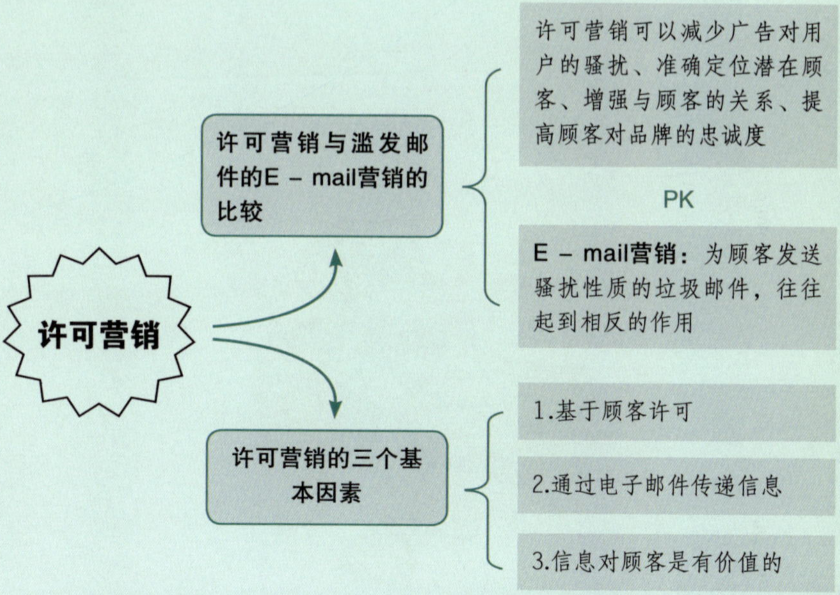

More

赛斯·高汀，前雅虎营销副总裁，著有畅销书《许可营销》《喷嚏营销》《紫牛》《紫牛2：免费力量大》《行销人是大骗子！》等，被世人誉为当今观察力最敏锐、观点最犀利的营销大师。

他说：“要让消费者行动，必须先让他们感动。决定顾客会不会购买的关键不再只是产品品质，而是能不能在消费过程中得到满足。讲一个真诚的故事来感动消费者，正是现在营销能不能脱颖而出的关键。”

第5篇

产品

提到产品，大家并不陌生，因为我们从小就开始跟产品打交道。其实，我们对产品的认识是片面的，或者说是错误的。那么产品到底是什么呢？产品有着怎样的生命周期？如何去开发新产品呢？在这一篇，我们将解决这些问题。

本篇教你：

- 什么是产品
- 产品的分类
- 如何开发新产品
- 如何管理新产品的开发
- 产品的生命周期是什么

产品概述

科特勒认为，产品有广义和狭义之分。根据产品的消费者类型，产品可以分为消费品和产业用品两大类，这两大类又可以细分成很多小类。

产品的含义

对于产品的定义，不同的营销学专家有不同的解释。科特勒将产品定义为：市场上提供的，能够让人们注意、获取、使用或消费的任何事物，用以满足人们的某种需求或需要。

狭义的产品含义，只包括有形的产品，如汽车、电脑、手机、电视等。广义的产品含义，除了包括有形的产品以外，还包括无形的产品，如服务、咨询、旅游等。

因此，从广义上说，产品不仅包括丰田生产的汽车、联想生产的电脑、诺基亚生产的手机或创维生产的电视，还包括搬家公司的搬家服务、富达公司的在线咨询、拉斯维加斯的旅游观光和家庭医生的建议等。

产品的含义

狭义

有形的产品，如汽车、电脑、手机、电视等

广义

除有形产品外，还包括无形的产品，如服务、咨询、旅游等

产品的分类

科特勒认为，根据产品的消费者类型不同，可以将产品分为消费品和产业用品两大类。

1. 消费品

消费品是指最终顾客出于非商业性的个人消费目的而购买的产品。根据购买的方式，消费品又可以细分为四类：便利品、选购品、特殊品和非渴求品。

便利品是指顾客几乎不需要比较和购买努力就能经常购买或能够立即买到的产品。便利品分布范围广，而且价格便宜，消费者能随时随地买到自己所需要的产品，比如洗衣粉、牙膏、杂志等。

选购品是指顾客不经常购买，如果购买，会从适用性、质量、时间、价格和款式等方面进行比较后再购买的产品。选购品的分销范围小于消费品，价格也高于消费品，但是会提供服务，帮助顾客进行比较选择，比如电视、电脑、家具等。

Easy-going

顾客在购买产品时，如果没有品牌观念，只是从适用性、质量、时间、价格和款式等方面考虑，那他购买的产品就是选购品。如果顾客是专门想买某一世界知名品牌的产品，只考虑品牌因素，那他购买的产品就是特殊品。

特殊品。是指顾客需要付出特殊购买努力，才能买到的具有独特性或品牌识别的产品。购买特殊品的消费者不会对产品进行比较，他们关心的是能不能买到这件特殊品或是购买特殊品需要花费的时间。特殊品价格比较高，而且在特定的市场区域只有一个或者几个经营店。比如某一品牌的汽车、名牌服装、知名法律专家的咨询服务等。

非渴求品是指顾客通常不考虑购买的产品，甚至是顾客根本没有听说过的产品。在各类产品中，都含有非渴求品，所以非渴求品的价格是多样化的，营销渠道也是多样化的。一般情况下，新开发出来的产品因为顾客对其一无所知，而成为非渴求品，此时需要营销商投入大量资金，通过广告、人员推销等方式对新开发的产品进行宣传。

2. 产业用品

产业用品是指企业或个人为了加工、生产等商业目的而购买的产品，而且不用于最终消费。根据产业用品的属性，可以将其细分为三类：原材料和零件、资本项目、供应品和服务。

原材料和零件是指用于生产过程以制造新产品的材料或单个制件，它又可以再细分为原材料、加工过的材料和零件。原材料包括农产品（如玉米、水果、蔬菜和家畜等）和自然产品（如煤矿、石油、木材和鱼类等），加工过的材料和零件包括成分材料（如金、水泥、电线和纱等）和部件（如轮胎、轴承、铸件和小型发动机等）。

Easy-going

在营销原材料和零件时，顾客往往关注的是产品的价格和服务，营销商很少进行品牌和广告的宣传，这就是为什么我们在电视上很少看到螺丝、家畜等广告。

资本项目是指顾客购买的用于生产或经营的产业用品，可分为生产装备和辅助设备。生产装备包括建筑物（厂房、车间、办公室等）和固定设备（机床、发电机、电梯等）。辅助设备包括轻型设备、工具（钳子、扳手、改锥等）和办公设备（电脑、打印机、传真机

小故事

万豪国际酒店

美国万豪国际酒店集团一向以中端市场为主，后来又将其产品线延伸，增加了8个新的品牌，以服务于高端市场和低端市场。比如，万丽度假酒店品牌，目的是吸引和取悦那些高级经理；费尔德旅馆品牌，服务对象是那些预算较紧的度假和商务游客；万怡酒店品牌，是专门为那些销售人员和经常出差的人提供服务的。这些产品服务满足了各种人的需求，使美国万豪国际酒店成为全球首屈一指的酒店管理公司。

等）。

供应品和服务是指供给人们需要的商品或服务，分为经营用耗材、维修服务和维护用品。经营用耗材包括打印纸、写字笔、润滑剂和铁、煤等；维修服务包括清洗服务、设备维护和电脑维修等；维护用品包括扫帚、垃圾筒、油漆、钉子等。

产品的分类

- 消费品
  - 便利品：顾客几乎不需要比较和购买努力就能经常购买或立即购买到的产品
  - 选购品：顾客不经常购买，如果购买，会多方面比较之后再进行购买的产品
  - 特殊品：顾客付出特殊购买努力买到的具有独特性的产品
  - 非渴求品：顾客通常不考虑购买，甚至是根本没有听说过的产品
- 产业用品
  - 原材料和零件：用于生产过程以制造新产品的材料或单个制件
  - 资本项目：顾客购买的用于生产或经营的产业用品
  - 供应品和服务：供给人们需要的商品或服务

More

企业在营销产品时，一定要注重产品的质量。一个营销人员，无论其营销技术如何高明，没有优质的产品质量做保障，是没有任何意义的。如今，产品质量得到了越来越多的企业的重视。世界上最大的机电类公司之一德国西门子将产品的质量定义为“质量就是顾客再次惠顾，而产品永不返回维修”。

新产品开发

在当今激烈的市场竞争中，很多企业都全力进行新产品的开发。但是，新产品开发的成功率很低，而且有很大的风险。

新产品开发的含义

科特勒认为，新产品开发是指企业通过研究，开发一种全新的产品，或者是改进原有产品，或者是优化既有产品。

Easy-going

研究表明，开发出的新产品中，最终失败率高达90%。据统计，每年会问世超过30 000种食品、饮料和化妆品等产品，但是其中的70%～90%，将会在一年之内失败。

企业或者营销商开发一种新的产品，通常采取三种方法：技术引进新产品、独立开发新产品和混合开发新产品。

技术引进新产品，是指直接引进市场上既有的成熟新技术开发新产品，这样可以有效弥补企业自身开发能力较弱的缺点。

独立开发新产品，是指根据市场需求，结合新技术、新材料的研究，企业或营销商独立开发新产品。有能力独立开发新产品的企业，多是实力相当雄厚的大企业。

混合开发新产品，是指企业引进一部分市场既有的成熟新技术，一部分进行独立自主开发，将两者有机地结合在一起开发新产品。

新产品开发的风险

科特勒认为，企业开发新产品的成功率很低，有很大的风险。当今企业有很多开发新产品失败的案例，比如，可口可乐公司为了应对百事可乐的竞争压力，开发出的“新可乐”，虽然口感好于传统的可口可乐，但几乎全部可口可乐的顾客都表示反对，甚至是抵制。此事被世人称为“历史上最大的营销失误”。

为什么新产品开发会有这么大的风险呢？其原因主要有以下四点：

一是新产品的最初创意非常精彩，却高估了市场容量；

二是开发出的新产品定位不准，定价过高，设计本身存在着缺陷；

三是新产品的开发、生产成本超过预期，企业获利不足，或不能获利，甚至亏损；

四是企业高层管理者在没有充分研究市场状况的前提下，一意孤行。

新产品开发

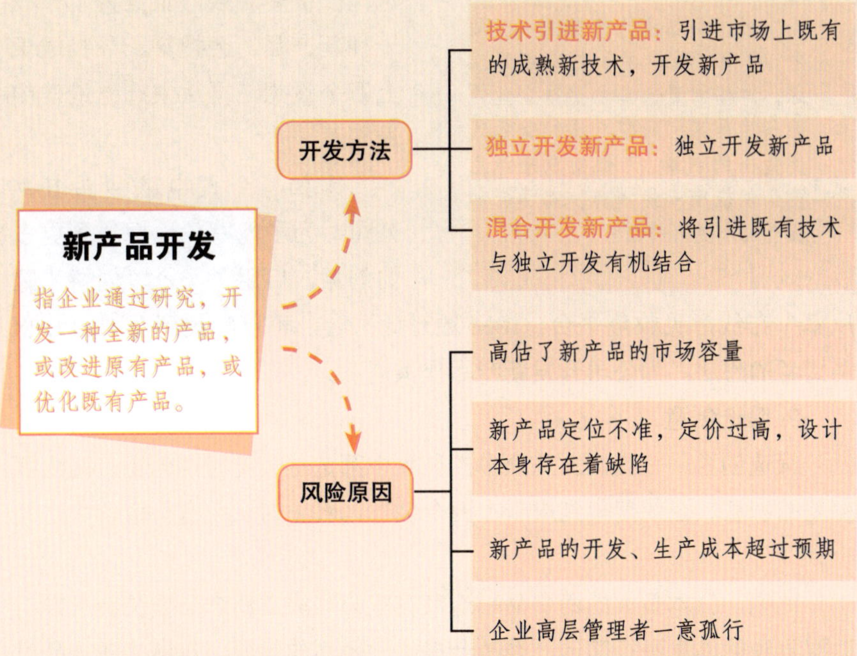

新产品开发过程

新产品的开发不是一蹴而就的，而是要经过一系列复杂的过程。

开发过程

科特勒认为，新产品开发包括八个过程：产生创意、筛选创意、产品概念、营销战略、商业分析、产品开发、试销和商业化。

1. 产生创意

产生创意是指企业系统地搜集、寻找新产品开发的各种设想。在很多时候，企业为了开发一种新产品，会搜集、寻找成千上万个设想，再从中选出最佳的设想。

Easy-going

新产品创意的来源主要有两个：内部创意来源和外部创意来源。内部创意来源主要是企业内部一线员工、研究人员和营销人员提出的创意；外部创意来源主要是供应商、经销商、消费者和社会大众提出的创意。

比如，个人电脑巨头IBM公司，为了能有效地搜集到更多的创意，启用了一个“创新头脑风暴”在线意见收集平台。IBM通过此平台，可以收集到全球的IBM消费者的想法，为公司开发新产品提供创意。

2. 筛选创意

筛选创意，是指企业从众多的创意中筛选尽可能好的创意，淘汰那些差的创意。企业搜集到成千上万个创意，真正对企业有价值的少之又少。

比如，日本最大的消费品制造商花王公司成立新产品委员会，专门对搜集到的创意进行筛选。委员会提出一系列的问题，包括“新产品对我们公司有利吗？”“新产品是否符合公司的目标和战略？”“新产品真能给消费者带来价值吗？”通过回答这些问题，对搜集到的创意进行筛选，从中选择最有可能变为赢利产品的创意。

3. 产品概念

产品概念是指从消费者的角度，对筛选过的创意进行详尽的描述。根据企业筛选出来的产品创意，可能提出多个概念，然后聘请目标消费者参与，进行概念测试。大多数企业对于新产品会做多次产品概念测试。

比如，某汽车制造商提出了生产电动汽车的想法，根据筛选出来的创意，提出了两个概念：

概念 1　它是低污染、“绿色”燃料电池轿车，对环保主义者有很大的实用性。

概念 2　它是中型高档实用型轿车，对那些难以忍受高耗油量的消费者来说，有极大的吸引力。

概念提出后，邀请目标消费者对这两个产品概念进行多次概念测试。

4. 营销战略

营销战略是指新产品概念提出并通过概念测试之后，设计的初始营销战略。营销战略通常从三方面进行描述：

一是目标市场描述：价值主张，以往的销售额、市场占有率，利润目标。

二是产品预计售价，分销网络建设，第一年的营销预算。

三是长期营销量，利润目标，营销组合战略。

比如，汽车制造商将电动汽车的目标市场设定为教育程度高、收入高的个人、夫妇或小家庭。汽车制造商认为这类人需要实用且环保的交通工具。

5. 商业分析

商业分析是指企业检查新产品成本、销售额和利润的表现，以明确是否达到企业目标。新产品概念和营销战略一旦确定，就要进行商业分析。企业进行商业分析时，可以参考历年相似产品的营销数据，进行市场调查并评估销售量，估算出最小销量和最大销量。

比如，汽车制造商从研发成本、营销费用、运营成本和财务成本等方面，对电动汽车进行商业分析，分析出电动汽车这种新产品的财务吸引力。

6. 产品开发

产品开发是指企业投入大量的人力和财力，将产品概念转换为可大规模生产的产品。前面五个阶段，全都停留在文字描述、图片或模型阶段，从产品开发开始，才真正进入了新产品的开发阶段。

Easy-going

产品开发说起来简单，其实是一个非常耗时的过程。产品开发少则需要花费几天、几个星期，多则需要花费几个月，甚至是几年的时间。

一般情况下，开发出的新产品会经过多轮严格的测试，以保障产品的安全性和有效性。

比如，吉列公司开发出一种新产品后，会组织来自不同地区的200多位志愿者使用，从而评价刀片的锋利性、剃须的润滑性和刀架的掌控性。研发人员根据反馈的意见不断改进，保证消费者能在家中安全舒适地剃须。

7. 试销

试销是指将开发出的新产品和相配套的营销战略部分地引入实际市场，进行尝试性销售。开发新产品的目的就是销售，而在销售之前，有必要进行试销，从试销数据中分析新产品是否受市场欢迎。

比如，美国麦当劳在将Redbox自助租碟机引入其餐厅前，在六个城市进行了两年多的试销。由于试销效果良好，麦当劳才正式将自助租碟机引入其在全国的餐厅。

8. 商业化

商业化是指企业将开发出的新产品，面向市场公开投放。新产品只有商业化才能获得利润，实现企业开发新产品的最终目的。企业在商业化阶段，需要投入高额的成本。新产品要实现批量化生产，企业就要租赁土地、建设工厂；还要投入大量的资金，开展广告活动和促销活动。

比如，联合利华在将 Sunsilk 护发产品商业化时，仅仅在美国市场就投入了 2 亿美元开展一系列的商业化活动。

新产品开发过程

1. **产生创意：**搜集、寻找新产品开发的各种设想
2. **筛选创意：**从众多的创意中筛选尽可能好的创意
3. **产品概念：**根据筛选出来的产品创意，提出多个概念，然后进行概念测试
4. **营销战略：**从三个方面设计的初始营销战略
5. **商业分析：**检查新产品成本、销售额和利润的表现
6. **产品开发：**将产品概念转化为可大规模生产的产品
7. **试销：**部分地引入实际市场，进行尝试性销售
8. **商业化：**将开发出的新产品。面向市场公开投放

More

开发出的新产品，除了要满足消费者的功能要求外，还要满足他们的心理需求。比如电动轿车就应该凭借舒适、安全和做工精良，获得消费者的欢心。但是不同的消费者对电动轿车有不同的心理认知，有的消费者认为，电动轿车应该有听起来“坚固”的车门，而有的消费者认为，电动轿车应该承受得住较强的撞击。

新产品开发管理

新产品的开发不仅是企业按照既定过程进行开发，还必须对新产品的开发过程进行有效的管理。科特勒认为，企业应该从三个方面对新产品开发过程进行管理：以顾客为中心的新产品开发、基于团队的新产品开发和系统的新产品开发。

以顾客为中心的新产品开发

企业在新产品开发过程中，应该以顾客为中心，因为开发出的产品只有满足顾客的需要，才能赢得广泛的市场。

Easy-going

新产品在市场上的成功关键在于，从新产品开发之初，就要获得对顾客偏好、需求的洞察力，在开发的整个过程中，持续运用这种洞察力，新产品投入市场之后，更要以这种洞察力去传播消费者价值。

企业在开发新产品时，应该以了解顾客需求开始，以解决顾客问题结束。开发出的新产品，一定要与众不同，要能够解决顾客的困扰，满足顾客独特的消费需求，才算是成功。因此，成功的新产品，一定是在整个开发过程中，从头到尾地以顾客需求为中心。

很多创新型的企业，正在逐渐走出实验室，走到顾客当中。小到厕所清洁剂，大到豪华轿车，企业与消费者一起，为寻找新的消费价值、开发新的产品而努力。

基于团队的新产品开发

企业在新产品开发过程中，应该基于团队合作。以往的开发过程是由各个部门独立完成的，这个部门完成之后，根据开发流程，转交到下一个部门。这样的开发模式费时、费力，不适合快速变化、竞争激烈的环境。

基于团队的新产品开发模式是由来自不同部门的设计人员，组成一个跨部门、跨职能的开发团队，同时展开多个产品开发过程，能减开发时间，提高效率。开发团队成员大多数来自企业营销部、财务部、设计总部、生产部和研发部等，甚至还有的来自供应商和企业合作伙伴。

Easy-going

基于团队的新产品开发，也是有缺陷的。有时候，团队成员之间会产生更多摩擦，使团队内部出现更为混乱的局面。

系统的新产品开发

企业在新产品开发过程中，应该是系统性的。企业内部要建立一个系统的组织，避免在新产品开发过程中出现混乱的局面。

企业可以任命一位德高望重的高层管理者为创新总经理，下设新产品开发管理系统。企业可以互联网为载体，建立新产品开发管理软件，鼓励全公司的所有相关利益者——企业成员、供应商、经销商、零售商共同参与，为新产品的开发出谋划策。企业还可以建立新产品开发管理

小故事

润妍洗发水

润妍是宝洁公司在中国本土推出的第一个，也是唯一的一个原创品牌。因此，无论宝洁公司总部还是宝洁（中国）高层都对“润妍”寄予了厚望，满心希望这个原汁原味倡导“黑发美”的洗发水品牌能有令人满意的市场表现，为这个新品牌的推广倾注了极大的心力和大量的推广经费。可是市场的反应却大大出乎宝洁的意料。宝洁推出的润妍洗发水一败涂地，时间不长就黯然退市。

分析“润妍”失败的原因：一是迷恋调研错失时机；二是广告概念错位；三是试图改变消费习惯；四是营销渠道缺少支持。

委员会，帮助企业从成千上万的创意中筛选出最佳方案。企业还可以设立奖励制度，对那些提出最佳创意的人进行奖励。

新产品开发管理

新产品开发管理的三个方面

1 以顾客为中心的新产品开发
在整个开发过程中，从头到尾以顾客需求为中心

2 基于团队的新产品开发
不同部门的设计人员，组成一个跨部门、跨职能的开发团队

3 系统的新产品开发
企业内部建立一个系统的组织，避免在新产品开发过程中出现混乱的局面

More

宝洁公司从 CEO 到一线员工，经常深入消费者中，以寻找新的创意。宝洁公司的一个小组在寻找浴室清洁产品的创意时，花费了大量的时间，重点观察了两类极端的消费者：一类是专业的，如职业清洁员；一类是马虎的，如只草草打扫厕所的单身汉。这个小组认为，如果能同时满足这两类极端顾客，就能开发出一种近乎完美的浴室清洁产品。

一段时间之后，宝洁公司开发了一种可更换握把的清洁器，同时可以清理浴室墙壁和下水道。这个清洁器由记忆塑料、发泡塑料构成，还附有清洁管。这就是宝洁公司开发的，最受欢迎的 Mr.Clean 浴室魔力清洁器。

产品生命周期

产品是有生命周期的。科特勒认为，产品的生命周期可以分为两类：标准的产品生命周期与风格、时尚和热潮产品的生命周期。

标准的产品生命周期

标准的生命周期表示的是新产品的利润和销售收入随着时间的推移而变化。周期分为五个阶段：产品开发期、导入期、成长期、成熟期和衰退期。

产品开发期是指企业从搜集创意到开发出新产品的整个过程，此阶段由于新产品没有投入市场，企业的销售收入为零，但投资却在不断增加，因此企业一直在亏损。

导入期是指企业将开发出的新产品投入市场，销售收入开始缓慢地增加。虽然亏损的数额在不断地减少，但是在导入期，企业一般无法赢利。

Easy-going

标准的产品生命周期，既可以用来描述产品大类，比如燃油汽车，也可以用来描述产品形式，比如多功能运动车，还可以用来描述具体的品牌，比如福特越野轿车。

成长期是指企业投入市场的新产品得到广大消费者的认可与欢迎，产品销量增长迅速，企业已经开始赢利，并且利润在不断地增加。

成熟期是指企业开发的新产品已经被大部分目标消费者所购买，产品销量开始逐渐放缓，企业利润持平或开始下降，但仍有盈利。

衰退期是指企业产品已经不能满足市场需求，产品销售收入和企业利润大幅下降。如果没有尽快开发出新产品，就有可能威胁企业的生存和发展。

值得一提的是，并不是所有的新产品开发都会遵循这个标准的产品生命周期。如有的新产品刚刚进入市场就迅速死亡，有的新产品会经过相当长的成熟期等。

标准的产品生命周期

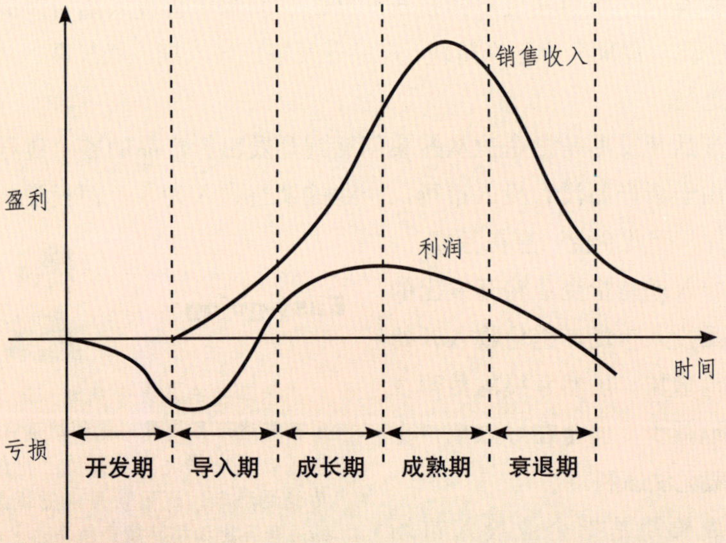

风格、时尚和热潮产品的生命周期

风格产品是指人们在一个领域里表现出来的基本的和独特的产品方式。一旦一种风格形成，便不受时尚的影响，可能会持续几个时代。比如休闲式服装风格、正式服装风格等。

时尚产品是指人们在一个领域里接受或欢迎的一种产品风格，时尚产品产生的过程比较缓慢，保持一段时间后会慢慢消亡。比如流行于20世纪80年代和90年代的商务套装，现如今已经被商务休闲服装取代。

热潮产品是指快速进入市场并流行于公众消费者中，被狂热地追捧，迅速达到顶峰，但又迅速衰落的产品。

风格、时尚和热潮产品的生命周期

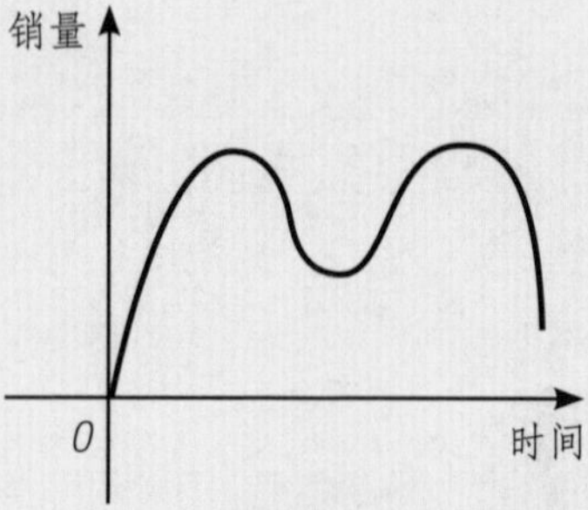

风格产品

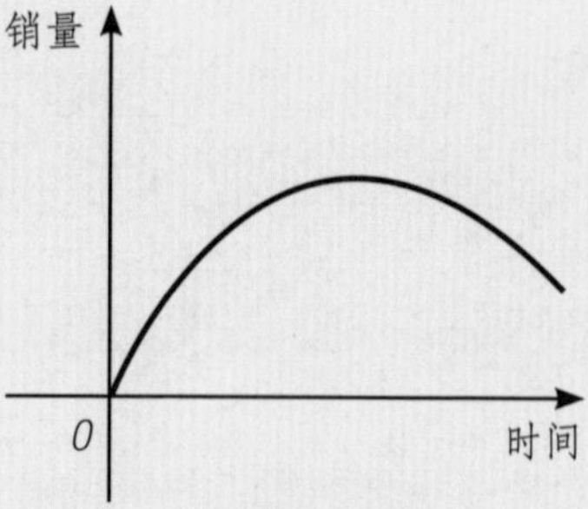

时尚产品

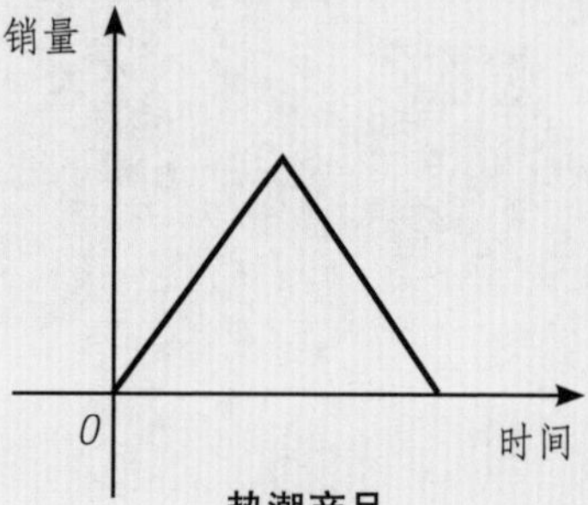

热潮产品

More

标准的产品生命周期处于成长期时，企业通常会面临两个选择：高市场占有率和高销售利润。如果企业在产品改进、广告、促销、建立分销网络上投入大量资金，就可以在市场上获得领先地位，但相应地也会大幅度减少企业利润。如果企业减少投入，虽然可以暂时地获得高额利润，但会导致新产品后期市场危机。大部分企业往往会选择前者。

第6篇

定价

企业营销产品，就必须确定一个合适的价格。产品定价过高，就会导致销量降低；产品定价过低，就会导致利润减少。那么，企业应该如何定价？制定出什么样的价格才算是合适的呢？本篇，我们将解决企业产品定价的相关问题。

本篇教你：

- ▶ 什么是定价
- ▶ 哪几个因素会影响定价
- ▶ 如何进行产品组合定价
- ▶ 其他的产品定价策略
- ▶ 商品价格如何进行变更

定价概述

定价有其深刻的含义，合理的定价才能获得最佳的营销额。而且定价不是制造商说了算，是受各种因素影响的。

定价的含义

制造商怎样给产品定价，对产品未来的营销过程有很大的影响。科特勒认为，定价是市场营销学里面最重要的组成部分之一，是一种主要研究商品或服务的价格制定和价格变更的营销策略，目的是求得最佳的营销效果和营销收益。

企业在定价上有很多技巧，最常用的就是“非整数法”。这是一种把商品零售价格定成带有零头结尾的非整数的营销策略，有的销售专家称之为“非整数价格”。比如，我们在超市中经常看到商品这样标价：5.9 元、12.8 元，而不是 6 元、13 元。

Easy-going

对于高档商品、耐用商品等，最好采用“整数法”定价，给顾客一种“一分钱一分货”的感觉，从而树立良好的商品形象。

“非整数法”是一种极能激发消费者购买欲望的定价策略，科特勒认为，消费者在心理上总是存在零头价格比整数价格低的错觉。如果产品计划定价 6 元，但是企业定价 5.9 元，价格只低了 1 角钱，却会给顾客留下一个良好的印象。

影响定价的因素

科特勒认为，产品的价格是一个区间，该区间的上限是顾客能够接受、可以产生消费需求的最高价格，下限是企业能够获得利润的最低价格。如果定价过高，超过了顾客对该产品的价格期望，消费者就不会购买产品；如果定价过低，甚至是低于产品成本，企业就不会获得利润。

因此，从中可以看出，影响企业定价的因素主要有两个：顾客导向定价和成本导向定价。

顾客导向定价，是指企业将顾客对该产品的价值感知作为定价的核心，将产品的既有成本置于次要地位。这种定价机制，要求企业的营销人员对产品进行定价必须在营销计划制订之前，而不是等制订了产品和营销计划之后。实行顾客导向定价，要遵循这样的步骤。首先对顾客需要和价值感知进行评价，制定出与顾客感知价值相匹配的价格；然后再考虑生产这种价格的产品可能产生的成本；最后决定设计生产这种能以目标价格传递潜在价值的产品。

成本导向定价，是指企业将生产该产品产生的成本作为定价的核心，将顾客对产品的价值感知置于次要地位。这种定价机制，要求企业的营销人员对产品进行定价必须在产品或营销计划制订之后，以产品成本为基础，而不是在营销计划制订之前。实行成本导向定价，同样要遵

小故事

以制定高价为荣

世界上最著名的赛车和运动跑车的生产厂家意大利的法拉利汽车公司，以高昂的产品定价赢得了全世界顾客的青睐。在世人眼里，法拉利意味着一切，除了便宜。法拉利跑车的价格区间为 19 万美元到 28 万美元。如果再加上一长串经销商的加价，价格还会更高。

越得不到的东西，人们越想得到。2009 年，法拉利公司只生产了 5 700 辆汽车，每一辆法拉利在生产之前就已经被预订，而且，顾客要提前一年进行预订。很多法拉利的车主会告诉您:价格不是问题，体验才是一切。

循一定的步骤。首先要设计出具有市场前景的产品；然后评估这种产品的成本，根据评估成本，设定产品价格；最后让消费者相信这种产品是物有所值，甚至是物超所值。

影响定价的因素

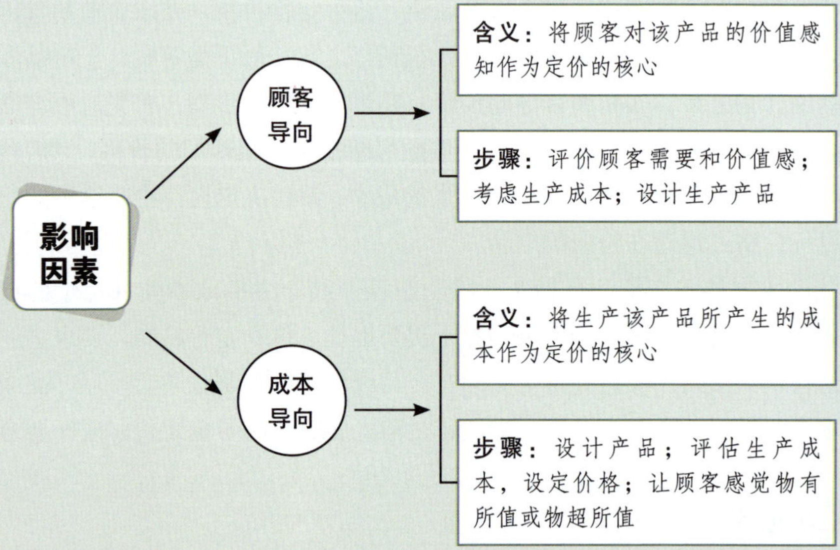

More

企业在进行定价时，还必须考虑竞争对手的产品成本和价格，因为消费者在购买商品时，会在众多的相似产品中进行筛选。比如一位想要购买数码相机的顾客，在购买之前，会全面比较佳能、柯达、尼康、索尼等一系列的品牌，从中筛选出最佳的产品。

与竞争对手展开竞争时，企业定价比竞争对手低，就意味着比竞争对手有优势。科特勒说，无论制定的价格或高或低或中等，关键在于要让顾客感觉产品价值高于价格。

产品组合定价策略

对产品组合要实行与单一产品不同的定价策略。科特勒认为，企业对产品组合进行定价时，要遵循五种策略：系列产品定价、可选产品定价、附属产品定价、副产品定价和产品捆绑定价。

产品系列定价

在一般情况下，企业很少生产单一产品，而是生产一系列的产品。因此，企业在对这一系列产品进行定价时，就要采取系列产品定价策略。

企业进行系列产品定价时，要考虑产品系列中不同产品的成本差异和差价幅度。比如国际著名箱包品牌新秀丽（Samsonite），向消费者提供 20 余种形状各异、尺寸不一的箱包。根据这一系列产品中不同箱包的成本差异，新秀丽制定的产品价格范围，从低于 50 美元的儿童背包，到高于 1 250 美元的 Black Label Vintage 系列，产品种类多、差价幅度小，消费者乐于接受。

Easy-going

其实系列产品定价难度很大，因为同一系列中的各种产品拥有相互关联的成本和需求，而且每一种产品都面临着来自竞争者不同程度的挑战。

企业进行系列产品定价时，还要考虑顾客对产品特征的感知观念。比如 Intuit 公司开发的个人财务管理软件 Quicken，其实是一个产品系列，Qiucken 系列中包括 29.99 美元的基础版、59.99 美元的豪华版、79.99 美元的精英版和 89.99 美元的家庭与商业版。绝大多数的顾客会花更多的钱购买他们认为更高级的 Qiucken 系列产品，但实际上，Qiucken 系列中的每一款产品的成本几乎是一样的。

可选产品定价

企业在销售其主要产品时，通常会提供备选产品或配件产品。这些备选产品或配件产品就是可选产品，而对这些可选产品的定价就是可选产品定价。

如汽车公司在销售汽车时，也会向买主提供车内娱乐系统和蓝牙无线通信设备等；电器公司在销售电冰箱时，会给顾客提供制冰机；电脑公司在销售计算机时，会向消费者提供一系列的处理器、硬盘、可选软件和扩展设备等。

又如美国通用汽车公司，起初在产品标价上，只是标出了不带任何可选产品的最低价格，将很多顾客吸引至展厅。当顾客想要购买时，通用给出的是包含很多可选产品的高价格，导致很多消费者最终打消了购买的念头。后来，通用学习日本和德国的可选产品定价策略，在一开始的标价上就标明可选产品配件的销售价格。

附属产品定价

有些主要产品必须与附属产品搭配在一起才能使用。比如生产、销售剃须刀、游戏机和打印机的企业，其附属产品是剃须刀片、电子游戏软件和打印机墨盒。

Easy-going

很多服务行业附属产品定价往往表现为重复定价。比如大部分的旅游景点，游客支付门票，如果想要进入园内其他景点，还要额外支付费用。

实行附属产品定价的企业，往往会以低价销售它们的主要产品，而以高价销售其附属产品，以获取高额利润。比如，吉利公司以很低的价格销售剃须刀，却以较高的价格出售附属产品刀片，从中获取高额的利润；惠普公司销售打印机的利润微乎其微，却在其附属产品墨盒的销售中，获得高利润。

副产品定价

副产品是指企业在生产主要产品的过程中，附带生产的非主要产品。几乎每一家企业都会或多或少地生产副产品，比如一家石油公司，在提炼石油的过程中，会生产沥青、医药等副产品。

如果企业不能把制造的副产品很好地转化为价值，或者副产品的处理成本过高，那么这些副产品就会影响企业的业绩，因此，副产品定价就显得尤为重要。美国造纸商美德维实伟克公司，将一度认为是化工废料的副产品变成了道路铺装的特殊材料，从而成为全球最大的为道路铺装行业提供特殊化学品的供应商。

产品捆绑定价

产品捆绑定价就是将几种产品组合捆绑起来，以较低的价格进行“套餐式”销售。企业实行产品捆绑定价，组合销售，可以让消费者购买他们本不想购买的产品或服务。不过需要强调的是，企业实行产品捆绑定价的基础是，必须以足够低的价格来吸引消费者。

如今，很多企业都提供“套餐”服务，实行产品捆绑定价。比如肯德基将汉堡、薯条和饮料捆绑在一起，以套餐的形式出售；中国移动将语音通话、短信、上网流量等捆绑在一起，推出“套餐”业务；一些旅游胜地会向游客提供包括飞机票、住宿、餐饮和娱乐等在内的旅游“套餐”。

小故事

在打印机的世界里，企业的利润通常来自后续的墨盒高价销售。但是，世界上知名的影像产品生产和供应商——美国柯达公司却将这种附属产品定价策略完全颠倒过来。柯达公司高价销售打印机，而其附属品墨盒价格低廉。柯达将打印机的价格范围设定为 149 ~ 299 美元不等，墨盒的价格定为：黑色的 9.99 美元，彩色的 14.99 美元。柯达公司的策略是：让消费者明确地认识到，他们今天购买的仅仅是打印机，而不是三四年的墨盒。

产品组合定价策略

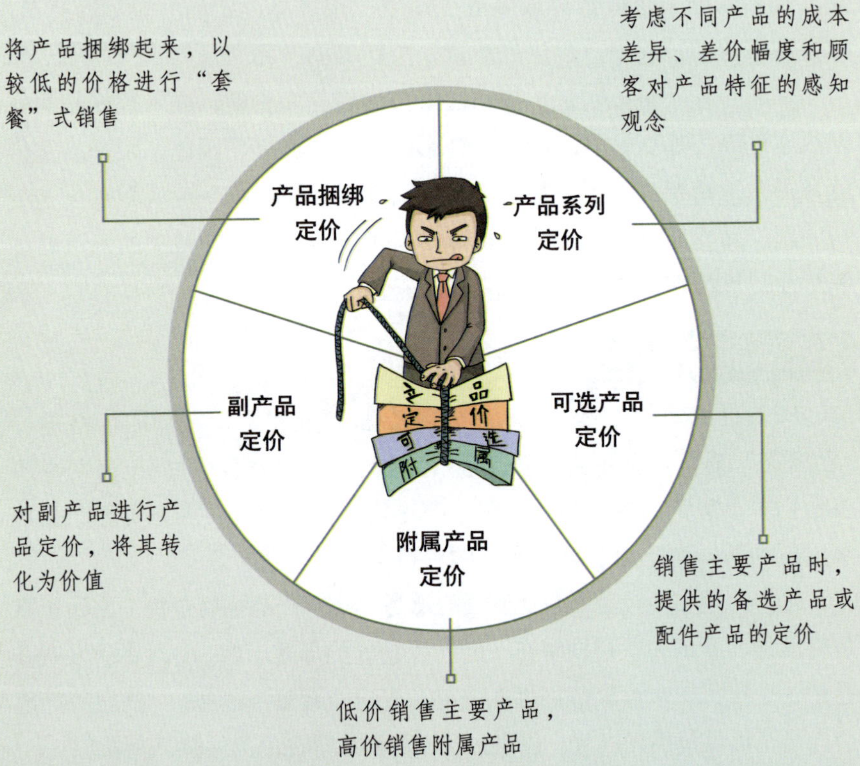

More

企业在实行附属产品定价时，必须要十分谨慎和小心。因为在一般情况下，企业销售的主要产品只能使用本企业生产的附属产品进行更换，这让很多顾客对这种定价策略相当不满。比如购买了索尼手机的消费者，要想更换手机零部件，只能去专门的售后服务点，而且往往会为此支出不菲的费用。

其他的定价策略

前面一节，我们讲到了产品组合定价策略。科特勒认为，还有一些其他的定价策略：折扣定价、心理定价、促销定价、地理定价和动态定价。

折扣定价

折扣定价就是企业通过折扣让利的形式，来对产品进行定价。折扣定价一般包括现金折扣定价和数量折扣定价两种方式。

现金折扣是指企业为迅速付款购买产品的顾客，提供价格上的让利，比如给顾客在标准售价的基础上打八折。数量折扣是指企业为购买大宗产品的顾客，提供价格上的让利，比如顾客一次性购买的产品数量庞大，销售商会在标准售价的基础上，让利销售。

Easy-going

季节折扣也是企业经常用到的折扣定价方式。很多销售商的销售反季产品，比如服装销售商夏天低价销售羽绒服，冬天低价销售T恤衫。

心理定价

心理定价就是企业根据顾客的心理效应，对产品进行定价。企业在进行心理定价时，要以价格对消费者产生的心理作用为核心，而不是看经济作用。在现实营销活动中，很多消费者认为，高价格代表着高质量，价格是反映质量的重要信号。很多百货商店都会把服装按照价格划分成不同的区域，高价区域的服装通常被认为具有较好的质量。

哪怕是细微的差价也会对顾客产生很大的心理效应。一个产品定价300美元和定价299.9美元，虽然只有0.1美元的差价，但顾客心理差异却很大。一些消费者会把 299.9 美元定位于 200 美元的区间而不是 300 美元。这些消费者会认为，299.9 美元好像是廉价品，而 300 美元好像是高价品。

促销定价

促销定价就是企业为了获得短期销售量而暂时性地降低价格，对产品进行定价。在某些重大的节日或者是店庆，销售商往往会采用促销定价策略。们会暂时性地降低产品的价格，甚至是以低于成本的价格出售产品，以赢得顾客满意度。

对部分商品采取促销定价，吸引顾客来消费，其本质目的是让顾客来店里购买打折后的商品。除此之外，大部分汽车销售商会以低息贷款、长期担保或免费维修等方式实行促销定价，以增加销量、减少库存。

Easy-going

实行促销定价，可能会导致行业发生价格战。一旦某个销售商或者是某几个销售商实行促销定价，降低产品价格，其他的销售商也会相应地降低产品的价格，在行业之间展开激烈的价格竞争。

地理定价

地理定价就是企业依据顾客的地理位置，对不同区域的产品进行定价。企业进行地理定价，主要考虑的因素就是运输距离和运输成本。如离产品制造商远的区域，运输距离长，运输成本高，产品定价就高；相反，离产品制造商近的区域，运输距离短，运输成本低，产品定价就低。

企业通常采用两种方式进行地理定价：统一定价和分区定价。

统一定价就是不考虑运输距离和运输成本，对任何区域的产品都实行统一价格进行出售；分区定价与统一定价正好相反，企业会考虑产品的运输距离和运输成本，对距离远的区域，产品定价高，对距离近的区域，产品定价低。

动态定价

动态定价就是企业为了满足顾客个人和情境特征的需要而连续调整价格，对产品进行定价。动态定价是网络营销企业经常采用的定价策略，因为互联网已经把我们从固定定价时代带入了动态定价的新时代。网络营销的灵活性，可以让网络卖家根据顾客个人和情境特征的需要，及时、连续地调整产品的价格。

比如，美国最大的网络电子商务公司亚马逊公司，根据顾客资料库评估顾客的购买欲望和顾客收入水平，及时地调整产品价格，使产品的最终定价与顾客的需求相匹配。

Easy-going

一些直复营销企业，也采取动态定价的策略。直复营销人员会依据不同时刻的库存、成本和需求，连续调整价格。例如戴尔就是通过动态定价策略来实现电脑供需的实时平衡。

需要注意的是，企业不能通过动态定价来建立新的顾客关系，否则会损害既有的重要顾客关系。比如亚马逊曾对首次购买的顾客降低产品价格，这惹怒了经常光顾的重要顾客，他们大声抗议、反对，亚马逊最终不得不停止了该行为。

小故事

美国皮尔莱斯纸业公司（Peerless Paper Company）位于佐治亚州的亚特兰大，它向整个美国市场销售纸制品。对于总部驻地的亚特兰大、印第安纳州的布卢明顿和加利福尼亚州的康普顿这三个特殊区域的定价，一直是困扰皮尔莱斯公司的难题。

如果皮尔莱斯选择分区定价策略，就会让远离亚特兰大的康普顿的顾客认为皮尔莱斯公司是一家高收费的企业；如果皮尔莱斯选择统一定价，就会让亚特兰大本地的顾客支付不必要的额外费用。

其他的定价策略

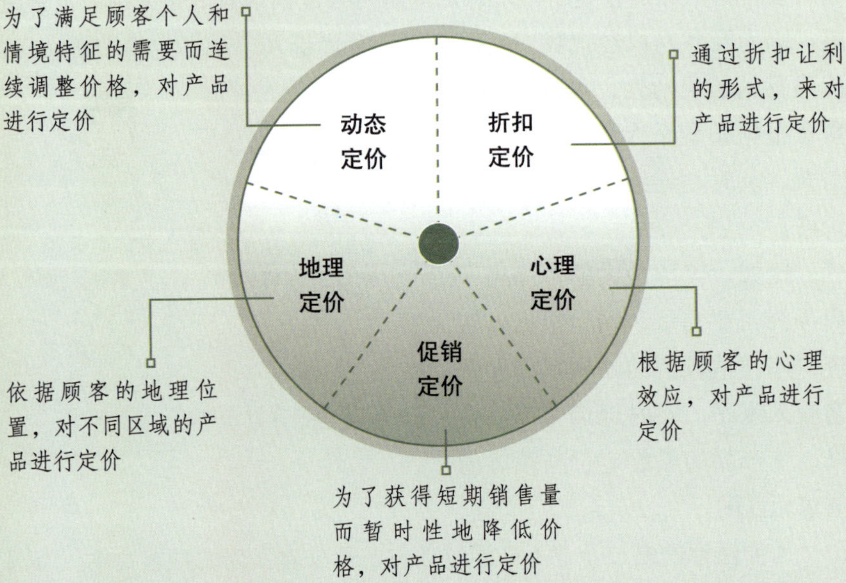

More

将地理定价延伸至全球范围就是国际定价，同样有两种定价方式：统一定价和分区定价。比如全球航空航天业的领袖公司美国波音公司，在全球范围内实行的是统一定价，也就是说，无论是在美国本土，还是在欧洲、第三世界国家，实行的是国际统一价。

但是，国际定价与地理定价有所不同，因为国际定价通常会受到国家经济状况、法律政策、国家批发或零售业的发达程度的影响。比如，有的国家为了保护本国企业，对进口产品征收高额关税，就会导致进口产品在该国家市场的定价高。

价格变更

科特勒认为，企业通过一定的策略对产品进行定价，还会面临一些特殊情况，促使企业变更产品价格，或应对来自竞争者价格变更的挑战。

价格变更策略

企业通常采用两种策略进行产品价格变更：发起降价和发起提价。

发起降价，就是企业降低产品价格。主要有两种情况，可能会导致企业发起降价策略，进行价格变更。一种情况是行业内产能过剩；另一种情况是市场需求下降。当发生上述两种情况时，企业不得不采取发起降价的价格变更策略来增加产品销量，保证产品的市场份额。

Easy-going

有些实力超级强大的企业先以低于成本的价格击垮其他竞争者，成为某一行业的垄断企业后，再大幅度提高产品价格，获得高额利润。这种非法的竞争手段，在我们国家是坚决不允许的。

有时候，企业会主动发起降价策略，目的是想通过低价来占领市场，打败其他竞争者。比如全球著名眼睛保健公司美国博士伦公司，主动发起降价策略，积极地降低产品成本、压低产品售价，从而成为隐形眼镜的领先者。

发起提价就是企业提高产品价格。主要有两种情况，可能会导致企业发起提价策略，进行价格变更。一种情况是企业生产成本上升，利润率降低；另一种情况是市场出现供不应求的情况。当发生上述两种情况时，企业就会提升产品价格，其目的是保证获利空间（成本上升），或者是获得更高的利润（供不应求）。

Easy-going

企业在发起提价时一定要避免被消费者误认为是价格骗子。这里建议企业在提价前，应充分与顾客解释提价的原因，在获得顾客理解的基础上发起提价。

有时候，企业会主动发起提价策略，目的是获取更多的利润，增加自己的经济实力。比如一家企业的利润率是销售额的 3%，那么在销售量不变的前提下，企业每提升 1% 的价格，就可以额外获得 33% 利润。而这 1% 的提价幅度，在很多消费者看来，是可以接受的。

应对竞争对手的价格变更策略

如果企业的竞争对手采取价格变更策略，企业要怎么做呢？科特勒认为，企业可以从四个方面采取措施。

一是追随竞争者的价格，同样发起降价策略。因为价格是最敏感的市场因素，如果企业发起降价，就很有可能丢失大量的市场份额。需要强调的是，企业要在保证产品质量的基础上发起降价策略，否则会危及企业长期的市场份额。

二是产品价格保持不变，提高产品的质量。在有些情况下，企业会发现，在产品质量上投入大量的资金，有时候会比单纯地降低产品价格更有效。提高产品质量可以增加企业同顾客之间的沟通，甚至有可能占领降价企业的市场份额。

三是既提高产品质量，又提高产品价格。将某一品牌产品提升到更高的价格，因为绝大部分的消费者都认同“一分钱一分货”的观点。高质量的产品可以为顾客创造更高的使用价值，这就平衡了高价格；而高价格可以给企业带来高利润，又平衡了高质量所花费的成本。

四是推出低价新产品，创造一个独立的低价品牌。如果企业无法与实行价格变更的竞争者展开直接竞争，就可以重新创造一个低价品牌，避开“针锋相对”的直接竞争，间接地与竞争者展开竞争。

价格变更

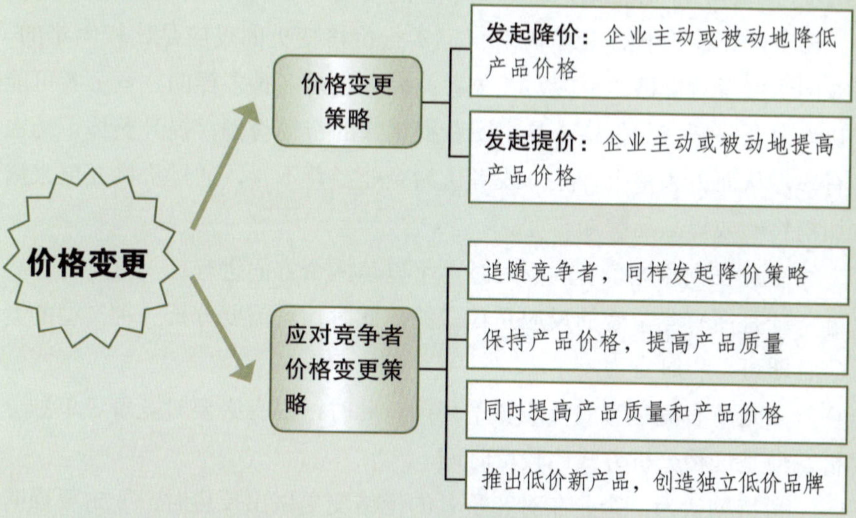

消费者和竞争者对价格变更的反应

实行价格变更策略，在一定程度上会吸引顾客，增加企业销量和利润。但是当今社会，越来越多的消费者并不会以单纯的方式去理解价格变更，他们会从多方面考虑企业的降价或提价行为。

比如，意大利法拉利汽车，被认为是汽车行业的贵族，但是如果法拉利汽车的创办人恩佐·法拉利将一辆售价398万的法拉利降至98万元出售，消费者会怎么想呢？有的消费者会认为，这是一次相当划算的交易，以较低的价格买到了一辆世界级的“贵族”汽车。但是如今越来越多的消费者并不这样想了，他们会认为法拉利汽车的产品质量下降了，或者是恩佐·法拉利将法拉利品牌特许给了一个大众市场的汽车制造商。

如果法拉利售价从398万提升到698万，有的消费者会认为这款车的制作工艺进行了改进，或者认为恩佐·法拉利变得更加贪心了。

而竞争者对价格变更的反应则与消费者不同。

如果某一行业内，企业生产的产品同质化程度较高，消费者对该行业产品和价格了解比较充分时，进行价格变更的公司就必须像担心顾客的反应一样，小心谨慎地考虑竞争者的反应。

其实，企业预测竞争者对自己实行价格变更的反应是比较困难的，如同消费者对价格的反应，竞争者的反应也是多种多样的。竞争者可能认为企业降低产品价格，是企图获得更大的市场份额，提升整体市场占有率，从而占领整个行业，或者认为企业经营不善，通过价格变更来增加销售额或提高品牌知名度。

企业在预测竞争者的反应时，可以从两个方面进行：

一是所有竞争者的反应是相似的，此时，只需要分析一种类型的竞争者即可，省时省力。

二是所有竞争者的反应各不相同，此时，很有必要对竞争者单独分析，但是这种分析方式比较费时间。

科特勒认为，企业在对竞争者的价格变更做出反应时，一定要谨防竞争者的掠夺性定价。掠夺性定价就是竞争者以低于成本的价格进行销售，将其他企业排挤出市场，从而获得较高的长期利润。

实行掠夺性定价的竞争者，先暂时以低于成本的价格销售商品，等

小故事

莫罗品牌是高跟鞋中的“贵族”。拥有一双莫罗品牌的高跟鞋是全世界女人的梦想，就连大牌女星们也是它的狂热追求者。莫罗品牌从起步之日起，其产品售价似乎没有发生过任何变更，一直是以高价格赢得市场。

莫罗品牌女鞋无论定价多高，总是刚推出几周就销售一空。莫罗公司创始人莫罗·伯拉尼克说：“我们在谈论的是用传统手工方式制作的鞋子。当然，莫罗高跟鞋是贵了一些，但这样的价钱不过分。”莫罗·伯拉尼克设计的女鞋典雅别致，流淌着性感的线条，愿花 400 英镑购买一双莫罗品牌女鞋的顾客大有人在。

击垮其他的竞争者之后，再迅速大幅度提高商品价格，从而取得垄断地位，获取高额利润。

但是这并不意味着所有以低于成本进行销售的行为都是掠夺性定价，因为有的企业是为了摆脱超额库存积压，而不是掠夺。因此，以低于成本销售的行为是不是掠夺性定价，关键在于其目的，可是企业的目的往往难以明确和证实。

消费者和竞争者对价格变更的反应

消费者对价格变更的反应

吸引顾客；多方面去考虑企业的降价或是提价行为

竞争者对价格变更的反应

由于产品同质化程度高，要谨慎考虑竞争者的反应、谨防竞争者的掠夺性定价

More

如果企业成本增加或需求增长，科特勒建议企业最好采取除了提高产品价格的其他方法来应对。比如，企业可以采取更为经济的生产或分销方式，产品的流通环节，甚至可以实行制造商对最终顾客的直接营销策略；还可以更换更为便宜的配料，来应对原料价格上涨难题；或者是去除一些不必要的包装、服务，对产品进行单独定价。

第7篇

营销沟通

将产品销售给顾客的过程，其实就是与顾客沟通的过程。那么这种沟通与亲朋好友之间的沟通有区别吗？区别又在哪里呢？

本篇教你：

- 什么是营销沟通组合
- 营销沟通的步骤有哪些
- 怎样进行营销沟通
- PR与IMC营销模式

营销沟通组合

科特勒认为，仅仅是提高顾客满意度、创造顾客价值，是远远不够的，还需要一套完整的营销沟通组合，才能提高营销的效果。

营销沟通组合概述

营销沟通组合，又叫促销组合，是由广告、销售促进、人员推销、公共关系、直复营销等手段串联起来组合而成的建立顾客生态系统的营销工具。换句话说，就是企业向顾客传送产品或服务的有关信息的一种方式。

广告：由明确的发起人，通过付费的方式，对商品或服务进行的任何非人际的演示和传播营销活动。

销售促进：通过短期刺激的方式，鼓励消费者购买产品或服务的活动。

人员推销：依靠销售队伍以完成交易和建立顾客关系为目的展开的营销活动。

公共关系：通过有效的宣传，避免或防止不利的议论，树立良好的企业信誉或形象，与社会其他群体建立良好的公共关系。

小故事

世界著名的利普顿公司为了使自己的产品迅速打进市场，在开业伊始别出心裁地举办了一次精彩的表演。公司买来了几头小猪，用缎带给它们精心打扮，并插上有“我要去利普顿市场”字样的小旗，然后赶着它们穿过闹市，引起众人的注意，达到了让商品家喻户晓的目的。

直复营销：企业通过信件邮寄、电子邮件、互联网、电话销售、电视购物及其他工具，直接与精心挑选的消费者建立良好的顾客关系。

此外，科特勒还增加了几种营销沟通组合成分：销售人员的素质、销售人员的服装、商品设计、产品包装等。从中可以看出，企业向顾客传送产品或服务信息的方式与营销沟通组合有着极为密切的关系，采用不同组合的营销沟通组合，会达到不同的效果。

营销沟通组合的方式

广告	销售促进	人员推销
公共关系	直复营销	营销人员的素质
营销人员的服装	商品设计	产品包装

营销沟通组合的影响因素

科特勒认为，影响企业营销沟通组合的因素有很多，但是最主要的影响因素是营销目标、市场特点、产品性质和产品生命周期。

促销目标：促销目标是影响营销沟通组合的首要因素，因为每一种营销沟通组合的方式（广告、销售促进、人员推销、公共关系、直复营销），都有各自独有的特质和成本，所以，企业应根据促销目标，从中选择最佳的营销沟通手段。

市场特点：每一个地区都有各自的文化、风俗习惯、经济环境和政治环境，即每一个市场都有其各自独有的特点。因为每一种营销沟通组合的方式在不同的市场中所起的作用是不同的，所以企业应根据市场的特点，选择与之相匹配的营销沟通组合方式，以达到最佳的营销效果。

产品性质：消费者的购买行为，会因为产品性质的不同而表现出不同的购买习惯，所以，企业要根据产品性质和表现出来的购买习惯，采取差异化的营销沟通组合。

产品生命周期：在产品周期的不同阶段，企业要采取不同的营销沟通组合：在导入期，要投入较多的资金进行广告和公共宣传，展开广泛的促销活动；在成长期，由于所需要的刺激较少，因此可以减少促销活动，而继续加强广告和公共宣传；在成熟期，由于消费者已经知道企业的品牌，所以可以相应地减少广告投入，而加强促销活动；在衰退期，需要将广告保持在提醒的水平，但仍继续加强促销活动。

营销沟通环境的变化

以前的企业花费几百万，只是单纯地在电视上做广告。科特勒认为，在今天，营销沟通的环境已经发生了巨大的变化，呈现出全新的面貌。

1. 消费者获取信息的方式在变化

在当今互联网、数字化时代，消费者可以轻松地获取有关产品或服务的更为全面的信息，拥有更加广泛的产品选择权。比如，消费者既可以从企业方获得相关产品或服务的信息，也可以通过互联网或其他媒体获得，还可以在与其他消费者的沟通中交换产品的信息，甚至是自己发布营销信息。

2. 企业的营销策略在改变

当今企业已经放弃了单一的大众化的营销策略，而是将整个市场进行细分，倾向于更加狭小的细分市场，采取具有针对性的营销策略。企业可以对顾客的需

Easy-going

虽然营销沟通组合为企业提供了多种营销沟通方式，但是想要达到最佳的沟通效果，必须整合、协调组合中的每个因素。

求实行近距离的观察，建立顾客资料库，向特定的顾客提供特定的产品或服务，满足他们的特殊需求，与顾客建立良好的营销关系。

3. 营销沟通技术的根本性变革

数字化时代产生了一大批全新的营销沟通方式和营销沟通工具，从电视、电话到互联网、卫星通信，这些全新的营销沟通技术，给消费者在产品或服务信息上提供更多的选择权和决定权。同时，便捷的沟通技术也为企业与目标顾客建立良好的互动关系提供了条件。

营销沟通环境的变化

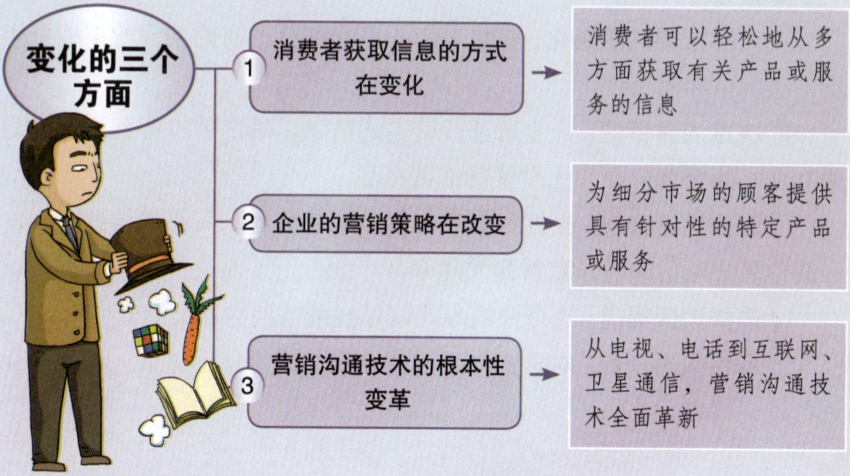

More

在营销沟通组合中，每一种方式都包含多种营销工具。广告包含电视广告、互联网广告、广播广告、户外广告、平面广告等；销售促进包含价格折扣、赠送优惠券、现场展示等；人员推销包含展销、展会、走访推销等；公共关系包含新闻、公益活动、赞助活动等；直复营销包括电话销售、网络销售、自动售货机等。

营销沟通的步骤及战略

要想让营销沟通达到最好的效果，除了组合、协调各营销方式外，还需要采取一定的营销步骤和营销战略。

营销沟通的步骤

科特勒认为，要想使营销沟通发挥最大的效用，企业必须按照以下七个步骤进行。

①目标市场的明确化： 将整个市场进行细分，明确某一特定细分市场，锁定目标消费者。

②决定沟通目的： 企业通过营销沟通活动，确定希望达到的目的是建立良好的企业形象，还是仅仅推销产品。

③制作沟通信息： 根据目标消费者可能感兴趣、关心的问题，制作沟通信息，吸引顾客，获得高关注率。

④选择沟通渠道： 选择营销方式以寻找最佳的沟通渠道。

⑤评估沟通预算： 对营销沟通可能支付的成本做出评估，以便企业进行资金周转。

小故事

全球第二大食品公司——美国卡夫食品有限公司一方面采用拉式营销战略，广泛利用大众媒体，比如电视广告、互联网广告等营销渠道，来拉动消费者对产品的需求；另一方面，又采用推式的营销战略，公司拥有的庞大销售团队和大范围的交易推广活动，来推销公司的产品。目前，卡夫食品有限公司是美国道琼斯工业平均指数中唯一的食品制造公司。

⑥**整合沟通组合**：整合、协调沟通渠道，以确定哪种沟通渠道为主，哪种为辅。

⑦**成果测定**：对营销沟通产生的成果进行测定，看是否达到了预期目的。如果达到了预期目的，达成的程度是多少。

营销沟通的步骤

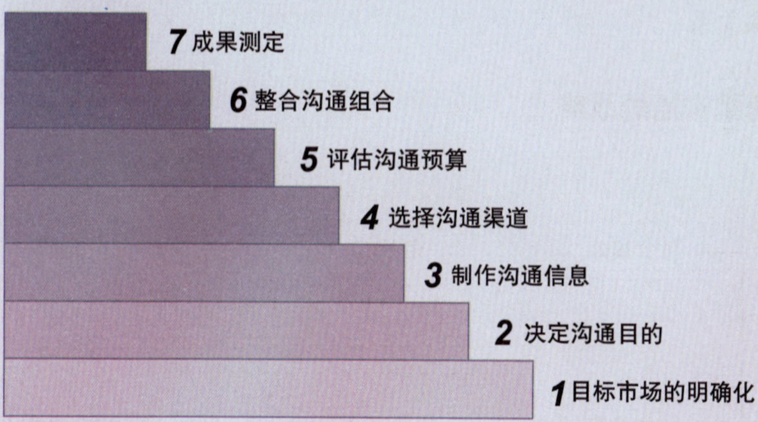

营销沟通的战略

科特勒认为，企业可以选择两种完全不同的营销沟通战略：一种是推式战略；另一种是拉式战略。

推式战略指的是企业通过营销渠道，将产品或服务“推”向目标消费者的战略。企业主要是通过人员推销或交易等方式，鼓励消费者来购买自己的产品或服务。

Easy-going

推式战略被称为“PUSH”战略，拉式战略又被称为“PULL”战略。

拉式战略指的是企业通过营销渠道，把目标消费者“拉”向企业的战略。企业主要是通过广告或推广等方式，吸引消费者来购买产品或服务。不同于推式战略将产品推向顾客，拉式战略会让顾客转向企业索要产品。

有的企业只采用推式战略，有的企业只采用拉式战略，但是绝大部分的企业两种营销战略都采用。根据产品属性、市场类型和产品生命周期的不同，企业在同时使用两种营销战略时，侧重的方向是不同的。

比如B2C型的企业通常侧重于拉式战略，营销活动主要采用广告，其次才是人员推销、销售促进，最后才是公共关系；而B2B型的公司往往侧重于推式战略，营销活动偏重于人员推销，其次是广告和公共关系。

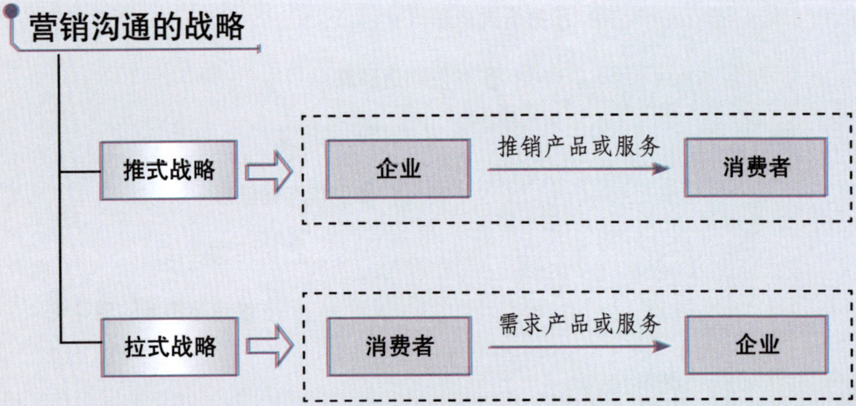

More

B2C即商对客。商对客是直接面向消费者销售产品或服务。这种形式的企业一般以网络零售业为主，主要借助于互联网开展在线销售活动。

B2B即商对商。商对商是指企业对企业之间的营销关系。将企业内部网通过B2B网站与企业客户紧密联系起来，通过网络的快速反应，促进企业的业务发展。

营销沟通渠道

企业不仅需要采取不同的沟通步骤和沟通战略，还需要有一套合理的沟通渠道，才能使营销沟通达到最佳效果。

营销沟通渠道概述

科特勒认为，营销沟通渠道又叫分销沟通渠道，指的是传递产品或服务的独立组织的集合，也就是说，生产商生产的产品通过什么样的方式传递到最终消费者手中。生产商先将生产的产品传递给销售商，再由销售商将产品传递给最终消费者，或者是生产商直接将产品传递给最终消费者，这都属于沟通渠道。比如联邦快递通过分销系统使它成为行业的领先者；戴尔将个人电脑直接销售给顾客，并不经过中间零售店。

当今社会，绝大部分生产商都通过分销商这一营销沟通渠道，把生产的产品传递给消费者，这是因为通过分销商的营销沟通渠道可以减少沟通的次数，提高沟通效率。

Easy-going

营销沟通渠道的成员可以执行很多重要的职能：搜集信息、促销、联系、匹配、谈判、物流、融资和承担风险。

生产商通过分销商的渠道传递产品，可以省去中间很多复杂的过程，而且分销商在人际关系、经验和专业能力方面，往往比生产商有优势。

我们用 M 表示制造商，用 C 表示顾客，假设有 3 家制造商和 3 位顾客，那么，不通过分销商的营销渠道的联系次数为：

$$M \times C = 3 \times 3 = 9（次）$$

而通过分销商的营销渠道的联系次数为：

$$M + C = 3 + 3 = 6（次）$$

营销沟通渠道分析图

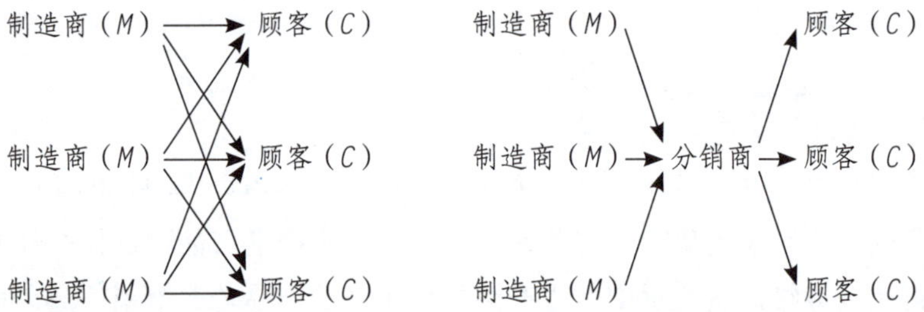

无分销商的联系次数　　有分销商的联系次数

分销商减少了由制造商到顾客的工作量，因此产品的流通不再那么复杂。

多营销沟通渠道分销

科特勒认为，营销沟通渠道主要有两种：一种是通过分销商的营销沟通渠道；另一种是不通过分销商的营销沟通渠道。

Easy-going

产业市场，指的是企业与企业之间的营销关系，比如说，钢材企业与造船企业之间，钢材企业通过一定的营销沟通渠道，将生产的钢材销售给造船企业。

其实在现实的营销活动中，只采取一种沟通渠道的企业几乎是不存在的；越来越多的企业采取多渠道分销，既使用通过分销商的营销沟通渠道，又使用不通过分销商的营销沟通渠道。

多营销沟通渠道分销有很多优势，企业在面对复杂的大市场时，可以通过多营销沟通渠道的每个新渠道，增加销售额，提高市场占有率，调整企业的产品或服务，来满足不同细分市场顾客的特定需求。比如，美国约翰迪尔公司通过多营销沟通渠道分销，向消费者销售草坪、花园拖拉机、锄草机和户外用电产品等，这使约翰迪尔公司成为目前世界最大的农业机械制造商和世界第二大工程机械制造商。

但是需要注意的是，多营销沟通渠道分销一般比较难以控制，由于众多的营销沟通渠道，使其内部可能发生争夺市场和销售额的现象，从而引发冲突。比如，美国约翰迪尔公司通过 Lowe's 零售店销售精选的消费品时，公司的其他经销商会因为感觉自己遭到约翰迪尔公司的背叛而不断地抱怨。

多渠道分销图

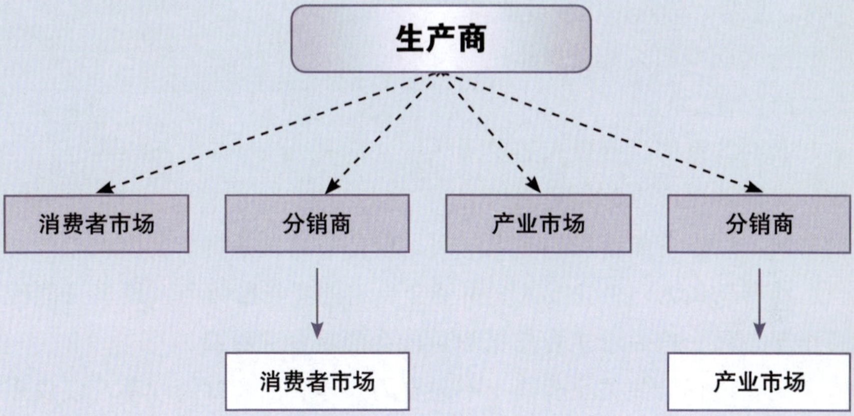

More

随着技术革新和网络营销渠道的快速发展，营销沟通渠道向去中介化方向发展。去中介化指的是生产商跳过分销商，直接面向消费者，比如戴尔公司就省去分销渠道，直接向最终消费者销售；或者是新的分销商取代了传统的分销商，比如网上虚拟营销商取代了以往传统的实体分销商。

公共关系

企业的营销活动并不是孤立存在的，而是需要借助于一定的工具建立良好的公共关系。

公共关系概述

公共关系（Public Relations）又被称为“PR”，指的是企业通过产品、服务、形象和社会贡献等，与社会大众和相关利益群体建立起来的互动关系。

公共关系比广告投入的费用少，却能够比广告起到更为深远的影响。广告可能会影响企业一时，但是公共关系可能会影响企业一世。科特勒认为，企业投入大量资金创造的广告影响力，最多只能维持半年，而一些关于企业的报道可能会影响企业终身。

Easy-going

利益群体是指社会个体基于某种共同利益，形成的正式或非正式的利益集合体。比如政府、消费者权益保护协会、妇女联合会等。

企业进行公共关系营销，不需要为媒体版面和时间埋单，仅仅需要为编辑或者是信息的报道人员支付薪酬。如果企业进行了积极的公共关系营销活动，许多媒体会争相报道，其影响力比花费巨大的广告要大，而且更加持久。比如，饮料业巨子王老吉为汶川地震捐款 1 亿元人民币，众多媒体报道后，“中国人，只喝王老吉！”“不喝可乐，喝王老吉！”等口号在网络上盛传，王老吉在国人心中树立了良好的企业形象。

建立公共关系使用的主要工具

科特勒认为，企业主要是通过新闻、书面材料和企业网站等工具，来建立一个良好的公共关系。

1. 新闻

新闻是企业建立公共关系最主要的工具。一般在企业中，都设有公共关系部，简称公关部。公关部的专业人士创造或寻找与企业、产品有关的新闻消息。现在很多企业都会定期或不定期地在特定的场所演讲，这其实就是一种创造新闻的方式。比如新东方教育科技集团现任校长俞敏洪经常去各地的学校、企事业单位进行演讲，在向听众传播知识的同时，也为新东方树立了良好的企业形象，在社会上建立了广泛的公共关系。

2. 书面材料

书面材料是企业建立公共关系经常用的方法，包括企业年报、公司刊物、文章、宣传册、视频、多媒体演示等。企业将多种书面材料进行投放，影响目标市场，进而建立良好的公共关系。现在很多企业都有广告宣传片，利用电视、网络等媒介进行大范围宣传。比如，中国移动全球通的广告宣传片以“关键时刻请信赖全球通”为主题，得到了广大消费者的热捧，拉近了中国移动与消费者之间的距离，使中国移动全球通业务在社会建立了良好的公共关系。

3. 企业网站

企业网站也是企业建立公共关系经常用的方法。有的企业网站很受网民的欢迎，消费者可以访问这些企业网站，获取有价值的信息。比

小故事

果汁生产商 Obwalla 公司发现在美国西海岸销售的部分苹果汁含有大量的大肠杆菌，迅速召回了在该地区销售的产品。事件发生后不到三个小时，Obwalla 公司网站上就发布了此次事件发生的原因和处理的结果。除此之外，Obwalla 公司还广泛搜集网民对此次事件的评论，并为这些评论的网民提供相关的网站链接。

如美国火鸡生产商 Butterball 公司的网站 www.butterball.com，为广大网民免费提供烹饪的小技巧，特别是在感恩节的那一周，网站每天的访问量超过 550 000 次。网民还可以在 Butterball 官网上下载火鸡烹饪视频，学习在节日期间怎么样准备火鸡大餐。

公共关系分析

公共关系

简介

公共关系含义：通过产品、服务、形象和社会贡献等，与社会群体建立的互动关系

建立公共关系的主要使用工具

- **新闻**：通过创造或寻找与企业、产品有关的新闻，建立良好的公共关系
- **书面材料**：通过企业年报、公司刊物、文章、宣传册、视频、多媒体演示等书面材料，建立良好的公共关系
- **企业网站**：通过在企业网站发布对网民或目标消费者有价值的信息，建立良好的公共关系

More

公共关系虽然影响力大，但是常常被企业作为次要的营销沟通手段。企业的公共关系部门往往设在企业总部，在总部公关部的员工，通常忙于应付股东、雇员、媒体、立法者等公众人群，而他们真正的职责——为企业建立良好的公共关系，反而被忽略了。而且，如果公共关系营销沟通运用得不好，不但不会给企业带来效益，还会带来巨大的经济损失，甚至让企业终身都有污点。

整合营销传播（IMC）的管理

企业除了按照一定的步骤和渠道开展营销沟通外，还必须对各种营销沟通方式进行整合管理，这就是 IMC。

IMC 概述

IMC，是 Integrated Marketing Communication 的简称，又被称为整合营销传播。科特勒认为，整合营销传播指的是把广告、销售促进、人员推销、公共关系、直复营销等各种营销沟通方式进行整合，使企业能够传达给消费者统一的信息。

在社会生活中，消费者常常会遇到这样的尴尬，在大众媒体上看到的企业资讯是一回事，而促销人员说的又是另外一回事，产品标签传递给消费者的信息，又与前两者完全不同，至于公司网站上发布的信息，更是与前面所有的信息都不一样。同一个企业通过不同的营销方式，传播了相互矛盾的企业信息，就会导致企业形象不清晰，消费者对产品价值混淆，甚至会产生误解。

发生这种现象的根源在于，企业没有将各种营销沟通方式进行科学的整合，从而导致了来自同一个企业的不同部门，向消费者传递的信息相互矛盾。

IMC 要求企业将所有的信息和形象都进行统一整合，企业的电视广告、平面广告必须与网络宣传、推销人员传递同样的信息，与企业公关活动所塑造的企业形象保持一致。

为了更好地实行 IMC，很多企业指派了专门的人员负责主管企业整体的营销沟通活动，这样可以将各种信息很好地统一，确保成千上万个营销沟通活动向消费者传递的信息和塑造的企业形象始终如一。

整合营销传播(IMC)

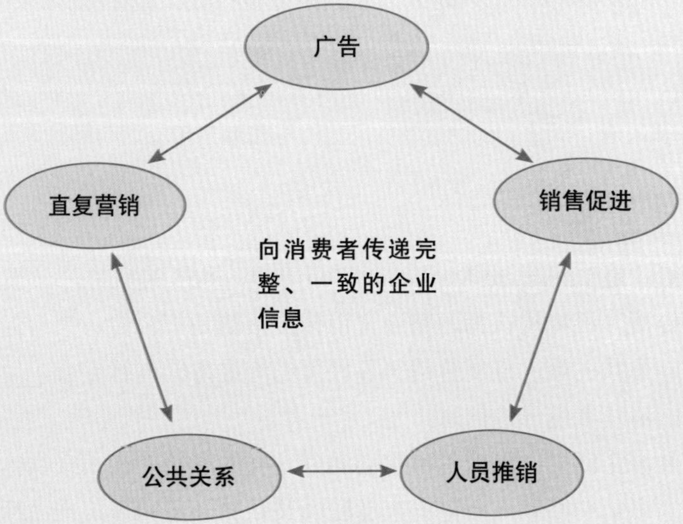

IMC 两大特性

科特勒认为，IMC 具有两大特性：一个是战术的连续性；另一个是战略的导向性。

1. 战术的连续性

战术的连续性是指通过不同营销传播工具在不同媒体传播的所有信息都应彼此关联呼应。战术连续性包含物理连续性和心理连续性两个方面。

物理连续性是指营销传播活动中的所有要素要有一贯性。比如在一个营销传播战略中，要保证使用的口号、标签说明，以及所有广告等营销沟通形式，表现的行业特性相同。

心理连续性是指对特定企业与品牌的一贯态度。它是消费者对公司的“声音”与“性格”的知觉，可通过广告和其他营销沟通形式传播的所有主题、形象的一贯性来达成。

2. 战略的导向性

战略的导向性是设计并完成公司战略性目标的保障。战略导向必须有助于完成本公司的战略目标，例如销售量、市场份额以及利润目标等。能够传播战略整合的营销沟通，就是其战略的焦点。战略的导向性传递的信息必须通过设计来达成特殊的战略目标，而媒体则必须透过有利于战略目标的考虑来对其进行选择。

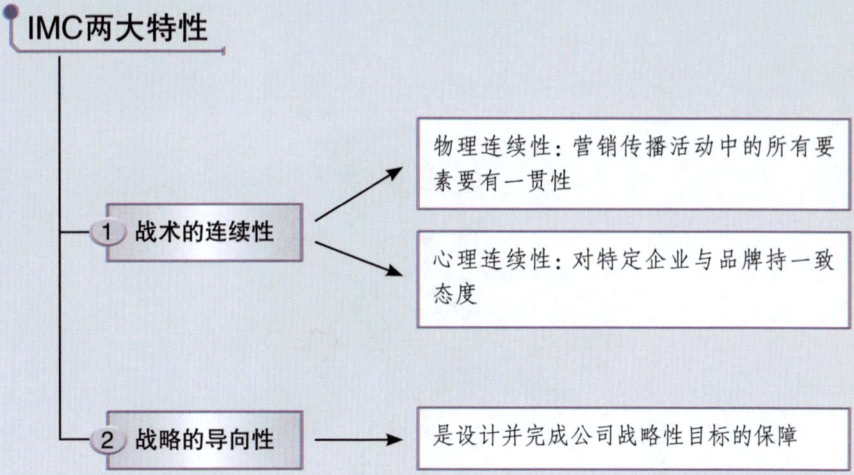

More

美国科罗拉多大学整合营销传播研究所的创办人汤姆·邓肯引入了“关系利益人”的概念，为整合营销传播进行了如此定义：

“整合营销传播是指企业或品牌通过发展与协调战略传播活动，使自己借助于各种媒介或其他接触方式与员工、顾客、投资者、普通公众等关系利益人建立建设性的关系，从而建立和加强他们之间互利关系的过程。”

第8篇

零售商和批发商

对于零售商和批发商，大家也许并不陌生。但是，很多人对它们的认识仅停留在表面。本篇我们要对零售商和批发商进行深入分析。

本篇教你：

- 什么是零售商
- 什么是批发商
- 零售商怎样开展营销
- 批发商的营销策略是什么

零售商概述

零售商是以零售为主要业务的企业，而且零售商往往以多种形式出现在市场营销活动中。

零售商的含义

科特勒认为，零售商是指那些主要以零售业务来完成销售的企业。比如，我们熟悉的沃尔玛、好市多、亚马逊等。那零售又是什么呢？零售是指企业将产品或服务直接销售给最终顾客，满足他们的非商业性使用需求。

从上面的定义我们可以看出，零售商是否开展零售业务，主要从两个方面去判断：一是直接销售给消费者；二是满足顾客的非商业性需求。

比如企业向供应商购买原材料，供应商的营销活动就不属于零售，供应商也就不属于零售商；但是如果公司的采购部向供应商购买办公桌、工服等日用品，供应商的营销活动就属于零售，供应商就属于零售商。

Easy-going

近年来，无店铺的零售营销，已经超过了店铺零售营销。这些无店铺的零售营销方式主要有直邮、电话、网络、商品目录等。

假如，消费者通过中间商A，在销售商B处购买商品，即使消费者是非商业性的购买，销售商B的营销活动，也不是零售，即B就不是零售商。

因此，只有同时满足上面两个，才能算是零售商开展了零售活动。

零售商的类型

科特勒将零售商划分为7个类型：专卖店、百货商店、超级市场、便利店、折扣商店、廉价零售商和超级商店。

1. 专卖店

销售的产品线很窄，但是产品种类很多。比如服装专卖店，店铺里只是销售服装，但是服装的种类、品牌却很多；书店里只是销售图书，但是图书的种类却是相当多。

2. 百货商店

经营多种类型的产品，通常以服装、家庭用品为主。每类产品的商店均作为独立的部门，由业务员或采购员进行管理、运营。

3. 超级市场

规模较大、开展大批量销售和自助服务的商店。这类零售商运营成本低，销售额多，但是利润低。通常以零售食品或家庭用品为主，满足消费者对这些商品的需求。

4. 便利店

规模相对较小，通常零售种类有限、流通快，但是价格相对较高。这种类型的零售店，一般设在居民小区附近，而且营业时间长，有的甚至是24小时营业。

小故事

世界零售商巨头沃尔玛从成立之日起，就以“天天低价”的价值观念赢得了世人的欢迎。沃尔玛凭借其卓越的管理，使进入沃尔玛超市的食品价格比对手低20%。更低的价格当然会吸引更多的顾客，创造更高的销售额。在2010年上半年，沃尔玛的销售额高达3 510亿美元，是其竞争对手好市多、塔吉特、柯尔等零售店销售额总和的1.6倍。

5. 折扣商店

只零售标准商品，售价低、利润少，但是量大。

6. 廉价零售商

以低于平均批发价的价格购得商品，并以低于平均销售价的价格销售产品。这类零售商采购的商品，通常是企业的剩货、尾货或者残次品。

7. 超级商店

规模巨大，能够满足消费者对食品类或非食品类商品的全部需求。这类零售店可以细分成很多种，比如将超级市场和折扣商店结合起来的超级中心，经营某特定类别但品种多样的商品的零售店等。

零售商的类型

零售商

1.专卖店： 销售的产品线很窄，产品种类很多

2.百货商店： 经营多种类型的产品；每类产品的商店均作为独立的部门

3.超级市场： 规模较大，开展大批量销售和自助服务

4.便利店： 规模较小，通常零售各种便利商品，一般设在居民小区附近，营业时间长

5.折扣商店： 只零售标准商品，售价低、利润少，但是量大

6.廉价零售商： 以低于平均批发价的价格购得商品，并以低于平均销售价的价格销售商品

7.超级商店： 规模巨大，能够满足消费者对食品类或非食品类商品的全部需求

零售商的营销策略

当前，零售商品和服务日益趋同。科特勒认为，零售商要想吸引和保有顾客，就必须采取适当的营销策略，包括产品定位、店内氛围、价格决策和商铺选址等内容。

产品定位

产品定位就是确定产品的销售对象和销售市场。产品定位是零售商首先要做的事情，但是很多零售商往往没有明确的产品定位，总试图去营销“适合所有人的产品或服务”。可是，往往事与愿违，最终结果是没有能够满足任何一个市场。

相反，进行产品定位的零售商往往会获得成功。零售商首先要对市场进行细分，确定了目标市场后，再瞄准目标顾客，进行产品定位。

比如，美国第一大零售商沃尔玛超市本着“天天低价”的承诺，将商品定位于低价。但是美国第二大零售商塔吉特，为了避免和沃尔玛展开直接的竞争，将商品定位于“期望更多，支付更少”，即提供更高质量的商品和服务，还提供折扣价格。

店内氛围

店内氛围就是销售店内的装饰风格带给顾客的体验氛围。店内氛围是零售商经常用到的营销战略，很多零售商希望通过创造一个独一无二的店内体验来吸引顾客。比如苹果零售店的氛围就很有吸引力，简约、朴素的风格，满是闪亮白和亚光银。过往的行人可以在苹果的零售店内逗留，操作设备，体验让人振奋的高新技术。

这使得苹果的零售店平均每天吸引高达 13 800 位顾客，以纽约第五大道的零售店来说，其每平方英尺①的年均销售额高达 4 032 美元，

①1平方英尺=0.092 903平方米。

而第五大道另一端的萨克斯旗舰店，每平方英尺的年均销售额仅为 362 美元。苹果零售店的高销售额在很大程度上得益于其独一无二的店内氛围。

价格决策

价格决策就是企业通过产品价格开展营销。几乎每一家零售商都会用价格决策来开展营销，而且所有的零售商都想既实现高销量，又能索取高利润。然而“鱼”和“熊掌”不可兼得，所以，零售商要么低销量、高利润，要么高销量、低利润。

Easy-going

低销量、高利润，是大部分专卖店经常采用的营销策略；低利润、高销量是大部分大众商店或折扣商店经常采用的营销策略。

比如，美国纽约的毕坚精品店销售的男装号称是“世界上最奢侈的男装”，光展示衣服的衣柜就价值百万美元，一双袜子 50 美元，一条丝质领带 375 美元，一件鸵鸟皮背心 19 000 美元。毕坚精品店的销售量极低，但是每一笔交易都可以获得相当可观的利润。

与之正好相反，TJ Maxx 以很低的折扣价格来销售名牌商品，虽然单笔交易的利润很低，但是销量却高得惊人。

商铺选址

商铺选址就是销售商选择店铺设立的位置。几乎每一个零售商家都认为，零售营销能否成功的关键在于选址。例如，很多企业的零售店设在时尚购物街区或高档购物中心，而不是无人问津的城镇边缘或租金便宜的小商业街。

如今，很多零售商为了提高集客能力，往往会聚集在一起，为消费者提供一站式的服务。其中，中心商务区就是零售商群聚的最主要形式。每个大城市都有一个中心商务区，在这个商务区里，包含了各种各样的百货商店、折扣商店、专卖店、超级市场等。

但是由于中心商务区人员流动性和聚集度相当高，往往会发生堵车、停车难、犯罪率高等问题，如不能有效、及时地解决，就有可能导致零售商的业务流失，销售额逐渐下滑。此时，零售商应与城市建立合作关系，通过构建购物中心和地下停车场，让城市中心商务区重获新生。

零售商的营销策略

产品定位	对市场进行细分，确定目标市场，瞄准目标顾客，进行产品定位
店内氛围	通过创造一个独一无二的店内氛围来吸引顾客
价格决策	要么低销量、高利润；要么高销量、低利润
商铺选址	与城市合作，构建购物中心

More

现在很多城市都统一规划、建设一些购物中心，比如区域购物中心、社区购物中心和邻里购物中心。区域购物中心最引人注目，零售商铺规模在40～200家，其中包括3家以上（包含2家）综合百货商店；社区购物中心，零售商铺规模在15 ～40家，其中包括1家百货商店、1家超市和若干个专卖店等；邻里购物中心，零售商铺规模在5～15家，通常包括一家超市和1些服务店，主要是为消费者提供便利。

批发商概述

批发商是以产品批发为主要业务的企业，和零售商一样，批发商也是以多种形式出现在市场营销活动中。

批发商的含义

科特勒认为，批发商是指那些主要以批发业务来完成销售的企业。批发是指企业将产品或服务直接销售给用于转售的顾客，满足他们的商业使用需求。

Easy-going

如今，批发商和零售商的界限越来越模糊。很多零售商既开展零售业务，又执行批发职能；同样，很多批发商在开展规模批发的同时，也开设自己的零售店，执行零售职能。

从上面的定义我们可以看出，对于批发商开展批发业务，主要从两个方面去判断：一是销售给用于转售的顾客，而不是最终顾客；二是满足顾客的商业使用需求。

比如，企业向供应商购买原材料用于满足企业再生产的商业需求，供应商的营销活动就属于批发，供应商就属于批发商；但是如果公司的采购部向供应商购买办公桌、工服等用品，用于企业的非商业需求，供应商的营销活动就不属于批发，供应商也就不属于批发商。

因此，只有同时满足上面两个条件，才算零售商开展了零售活动。

除此之外，批发商拥有货物的数量多于零售商，而且出售的商品价格通常比零售商的价格低。这是因为批发商的流通环节少于零售商，而且批发商是大宗出售，可以利用数量上的规模压低价格。

批发商的类型

科特勒将批发商分为三大类型：商人批发商、代理商和经纪人、制造商的分支机构和办事处。

1. 商人批发商

商人批发商是对所经营批发的产品拥有所有权的独立企业，在目前批发商群体中数量最多，占据整个批发业的50%。商人批发商又可以细分为两个小类：完全服务批发商和有限服务批发商。

完全服务批发商会提供一整套的服务，如货物储存、货物配送、货物管理等一系列服务；有限服务批发商只能提供有限的服务，如卡车批发商，只是单纯执行货物配送和销售服务。

2. 代理商和经纪人

代理商和经纪人协助买卖双方进行交易，并从中获得佣金，但是对交易的商品不具有所有权。经纪人的主要工作内容是引见买卖双方，并协助双方开展谈判，进行交易；代理商与经纪人从事的工作内容是一致的，但比经纪人更为长期地从事买方和卖方的代理工作。

Easy-going

经纪人和代理商由于对商品没有所有权，因此不持有商品的库存，不承担交易风险；经纪人和代理商的佣金是买卖的一方支付，而不是双方支付。

3. 制造商的销售分支机构和办事处

在一定的情况下，买方或卖方会自己建立销售或采购分支机构或办事处，从事销售或采购业务，而不通过独立的第三方批发商。一般而言，销售分支机构和办事处是由制造商设置的，是为了推销制造商的产品。

销售分支机构和办事处是有区别的，销售分支机构拥有自己的货物库存，比如木材、汽车零部件等行业；而办事处没有自己的货物库存，比如纺织品、日用品等行业。

批发商

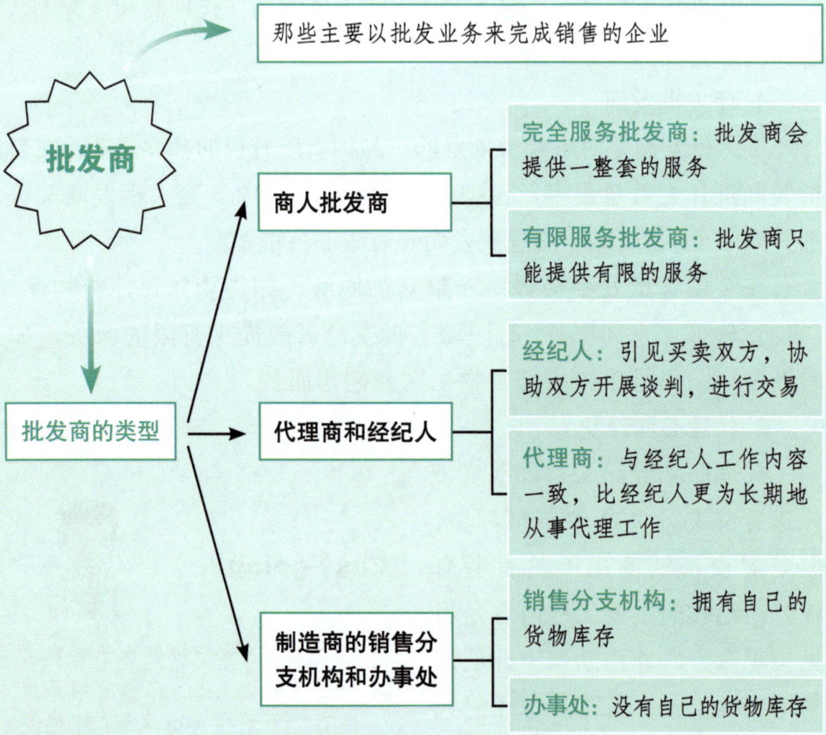

More

如果对批发商的类型再进行细分，还可以将其分为许多类。完全服务批发商和有限服务批发商属于商人批发商，但是完全服务批发商又可以细分为批发商和产业分销商，有限服务批发商又可以细分为现金自运批发商、卡车批发商、直运商、货架批发商、生产合作社和邮购批发商等；代理商可以细分为制造商的代理商、销售代理商、采购代理商和佣金商等。

批发商的营销策略和发展趋势

当前，批发商面临的竞争压力日益增大，面对的顾客要求更高。科特勒认为，批发商要想吸引更多的顾客，就必须像零售商一样，采取有效的营销策略，如产品定位、价格决策和店铺选址等。

批发商的营销策略

1. 产品定位

和零售商一样，批发商也需要对产品进行定位，因为批发商同样无法对所有的顾客提供服务。批发商根据顾客（一般情况下是零售商）的规模、类型和需求等因素，选择目标顾客，进行产品定位。

批发商无法经营全部品种的商品，因为那样往往会导致批发商利润损失。如今，很多批发商减少经营的商品品种，只选择经营那些可以获取高额利润的商品，舍弃那些利润微薄或无利润的商品。

2. 价格决策

批发商也经常采用价格决策来扩大自己的市场，提高销售额。当前，批发商的纯利润是比较低的。批发商的批发价格是进货成本价再加上标准利润百分比，一般是20%，但是其中有17%的成本费用，只剩下3%的纯利润；特别是食品批发行业，平均标准利润率还不到2%。因此，很多批发商都在尝试寻找其他的定价方法。

Easy-going

与零售商的营销战略有所不同的是，批发商对店内氛围并不是特别重视。批发商面对的顾客主要是零售商，而零售商买不买批发商的商品，跟批发商的店铺氛围基本上没有关系，商品是关键因素。

3. 店铺选址

零售商重视店铺的选址，批发商同样也非常重视店铺的选址。以往，批发商进行店铺选址时，总是从成本的角度去考虑。比如，会选择租金低、税率低的地区，而且在店铺的建设、配置和信息系统上，投入的资金很少。

而现在不同了，很多批发商会投入大量的资金，建立属于自己的自动化仓库和信息技术系统。这种系统可以将零售商的订单信息快速、准确地传达给批发商，根据信息，系统自动地对仓库中的商品进行挑拣、分类、装配，将零售商需要的商品快捷、无误地送到零售商手中。

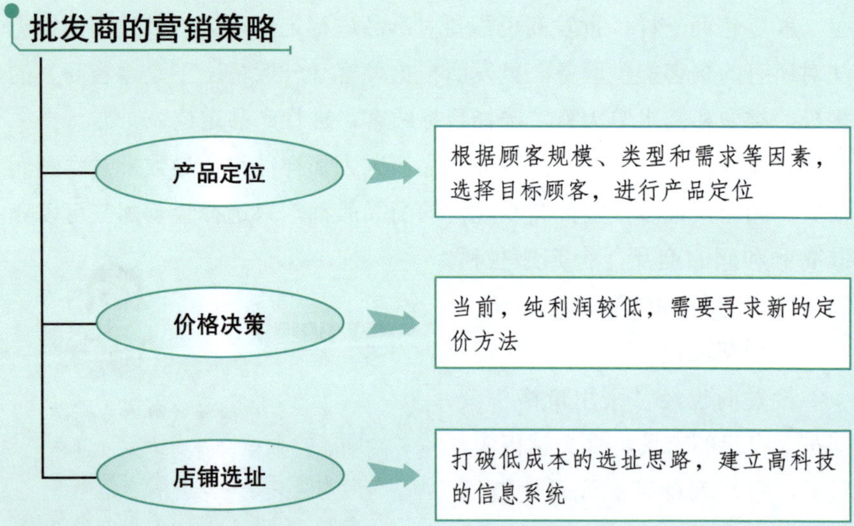

批发商的发展趋势

很多批发商认识到，只有提高整个营销渠道的效率，改善服务和降低成本，才能在残酷的竞争中生存和发展，这就促使批发商不断发生变化。

1. 低成本运营

事实证明，那些低成本运营的批发商往往具有较大的优势，能够在激烈的竞争中脱颖而出，因此，自动化仓库等低成本运营的方式受到越来越多的批发商的认可。

2. 数量减少，规模变大

在激烈的市场竞争中，规模越大，批发商的存活率就越高，因此那些具有实力的批发商开始收购、兼并小规模的批发商，扩大自己的规模，如今批发商跨国收购的现象屡见不鲜。

3. 商品综合化、多样化

零售商总是希望在一个批发商那里购买到尽可能多的商品，因此，很多批发商开始经营一些不属于自己经营范围但利润丰厚的商品，批发商经营商品的跨行业趋势越来越明显。

4. 管理水平日益提高

批发商管理专业化意味着成本的下降和利润的增加，而且高水平的管理能够根据市场环境和销售环境快速及时地做出有效的调整，这就促使很多批发商不断地提高自己的管理水平。

批发商的发展趋势

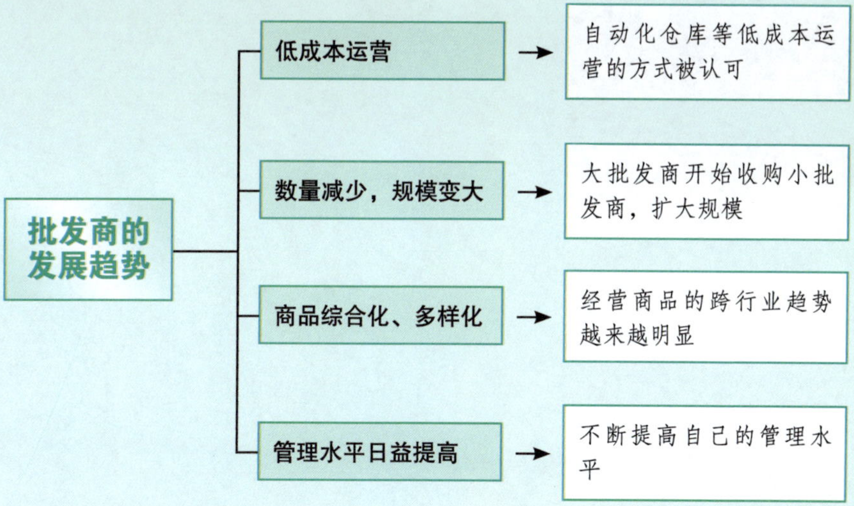

第9篇

直复营销和在线营销

提到直复营销和在线营销，绝大多数人会理解为企业在网上直接向消费者销售产品或服务。科特勒说，这其实只是网络营销的一小部分。那么直复营销到底还包括什么呢？企业怎样做才是真正做到在线营销呢？

本篇教你：

- 什么是直复营销
- 直复营销有哪些类型
- 什么是在线营销
- 在线营销的范围
- 怎样开展在线营销

直复营销概述

我们在前面第 7 篇第 1 节“营销沟通组合”中简略提到过直复营销，本节将对直复营销进行更深入的介绍。

直复营销的含义

科特勒将直复营销定义为，企业直接接触经过仔细选择的特定消费人群，并与之形成长期的顾客关系。企业采取直复营销与顾客进行沟通时，通常以互动的、一对一的方式进行。直复营销的企业不经过分销商这一环节，而是采取多种方式直接与顾客建立一对一的关系。

现在，越来越多的企业开始放弃通过中间分销商利用货架销售商品的营销模式，而是通过电话、电视、网络等形式直接与目标顾客取得联系。比如日本丰田汽车公司旗下的豪华车品牌雷克萨斯，就采取寄给目标顾客有关产品的促销 DVD 和其他材料的直复营销方式。除此之外，丰田公司还在雷克萨斯官方网站 www.lexus.com 上，提供有关汽车模型、企业融资、店铺位置等信息。

直复营销增长的利益方式

目前，增长速度最快的营销方式就是直复营销。据直复营销联合

More

早期的直复营销企业主要是商品目录公司、直邮公司和电话销售公司。这些公司致力于收集顾客的姓名，然后通过邮件和电话的方式销售商品。如今，随着资料库技术和互联网的快速发展，直复营销已经发生了引人注目的变化。越来越多的企业将直复营销作为唯一的商业模式，直复营销正在迅速地改变企业的思考方式和建立顾客关系的方式。

会（DMA）调查表明，美国公司在2010年上半年，直复营销的支出额为1 665亿美元，却换来了1 940亿美元的销售额，占美国经济全部销售额的10%左右。

Easy-going

为了便于理解，这里讲到的买方指的是顾客，卖方指的是企业或商家。

科特勒认为，快速增长的直复营销给买方和卖方带来了许多利益。

①给买方带来的利益：直复营销方便、快捷，进行直复营销的公司没有营业时间的限制，不管是白天还是半夜，顾客可以随时购买；顾客不用去乘坐拥挤的公共交通工具，不必去寻找停车位，更不用为了寻找某一个商品而走遍全部商店。顾客只需要在舒适的家里或是办公室，利用网络，轻松点击，方便、快捷地寻找，就可购买自己想要的产品或服务。

顾客几乎可以对世界上所有的直复营销者进行选择。比如，顾客登录“网络第一灯泡超市”www.bulbs.com，就可以看到所有想看的灯泡，而在实体商店中，没有哪家商店可以包罗所有的灯泡。

②给卖方带来的利益：直复营销可以让卖家与顾客建立强有力的顾客关系。根据顾客的消费记录，为顾客建立资料库，可以帮助卖方准确

小故事

世界四大传媒巨头之一贝塔斯曼集团麾下的贝塔斯曼书友会以在线和离线并进的方式，大力拓展中国图书音像产品零售市场。贝塔斯曼书友会已发展成为中国国内最大的中外合资图书俱乐部，通过目录邮购和网站（www.bol.com.cn）向全国100多万会员传递最新的、精选的产品信息，包括图书、CD、DVD和电脑游戏等。贝塔斯曼集团于2003年年底成立了新的合资企业“21世纪锦绣图书连锁有限公司”，在全国范围内推广以“新生活时尚”为理念的小型连锁会员店。

定位市场群体，甚至具体到个人消费者。由于直复营销是以一对一的方式进行营销，所以卖方可以与目标顾客建立互动关系，了解他们的特定需求，为他们提供特殊的产品或服务。

对于卖方来说，直复营销具有很强的灵活性。卖方可以随时对产品价格或企业动态信息进行修改，使其不会过时，做到及时向顾客提供产品或服务。

直复营销的利益双方

买方

买方的购买行为更加方便、快捷；买方有了自主选择权

卖方

与顾客建立强有力的关系；可以灵活、及时地修改产品价格和企业动态信息

More

直复营销买方和卖方之间的互动是直接的，买方一般通过电话和网站与卖方发生直接互动，买方可以精确地向卖方传递自己渴望的产品或服务，然后立即下订单。除此之外，直复营销给了买方更大的自主选择权，比如买方可以自己决定浏览哪个产品目录，访问哪个公司的网站。

直复营销的类型

科特勒将直复营销分为 8 种类型：直接邮寄营销、目录营销、电话营销、电视直销、售货亭营销、新型电子技术直复营销、人员推销和在线营销。

1. 直接邮寄营销

直接邮寄营销指的是企业通过直接邮寄的方式，将有关产品或服务的信息传递给某个特定地点的目标顾客。邮寄的邮件包括广告、信件、手册、目录、样品、CD、DVD 等。直接邮寄是目前最大的营销媒介，直复营销联合会（DMA）的调查报告说，直接邮寄营销创造的销售额，超过全美国直复营销销售额的 1/3。

Easy-going

网络目录节省了印刷目录在制造、印刷和邮寄目录中的成本。有趣的是，在美国精品百货店内曼马库斯的销售目录上，有一艘去太空的火箭，仅标价 170 万美元。

2. 目录营销

目录营销指的是企业通过印刷目录或网络目录进行营销的方式。在当今互联网飞速发展的时代，网络目录正在逐渐取代印刷目录。一项最新的研究表明，消费者 36% 的购买行为都是通过网络目录实现的。印刷目录的空间是有限的，而网络目录可以向顾客提供几乎无限的商品选择，而且企业的产品或形象可以根据需要随时进行添加或删除。

3. 电话营销

电话营销指的是企业通过电话直接向目标顾客开展营销的方式，其营销额已经占到了全部直复营销额的 22%。经过认真设计的电话营销可以给企业带来丰厚的回报。但是由于近年来，电话营销出现了爆炸式

小故事

> 在美国，电话营销的普及在为企业带来高销售额的同时，也给消费者带来了很多烦恼，因为这些“垃圾电话”让美国民众“苦不堪言”。2003年，美国立法机构通过了联邦贸易委员会制订的谢绝来电计划。该计划禁止大多数企业对注册的个人号码进行电话营销。如果企业违反谢绝来电计划中的规定，将被处以每次11 000美元的罚金。绝大多数的美国民众对这一举措表示热烈欢迎。

的增长，消费者几乎每天都会收到“垃圾电话”，这不但不会给企业带来效益，反而使消费者对企业产生厌恶心理。

Easy-going

> 到2011年年底，美国的博客观众从2005年的500万人猛增至5 000万人。而且，超过20%的博客观众每年会为美国企业创造10万美元的营业额。

4. 电视直销

电视直销指的是企业通过缴纳一定的广告费，在电视节目中插播广告的营销方式。科特勒认为，企业通常在电视节目中插播1～2分钟的广告，用极具煽动性的语言来描述某种产品，然后提供订购的电话和网站。但是有时候会遇到长达30分钟或是更长的广告，这让观众很是反感。

5. 售货亭营销

售货亭营销指的是在机场、火车站、汽车站、店铺等地方设置一系列售货亭的营销方式。比如在美国机场有很多自助旅馆，人们可以在超市里交话费或取现金，邮局有可以交电费、水费的售货亭等。

6. 新型电子技术直复营销

在当今社会，新型电子技术不断出现和发展，使直复营销者可以在任何时间、任何地点、针对任何商品展开与顾客的互动。科特勒总结出了四种最常用到的新型电子营销技术：手机营销、博客、视频点播和移动电视。

7. 在线营销

在线营销，即通常我们所说的网络销售，但又不同于网络销售。在线营销是直复营销 8 种类型中增长最快的。截止到 2011 年上半年，美国的网络普及率已经达到了 70%。在美国，有 33% 的人将网络作为第二大消费媒体。从中可以看出，在线营销有着巨大的市场潜力。

8. 人员推销

全世界的企业都在雇用人员向目标顾客推销产品或服务。以往，很多人对人员推销很反感，因为在很多情况下，前来推销产品的人员自己都不了解所推销的产品，却要将这个产品卖给别人。而现在，大多数推销人员都是经过培训的专业人士，他们不仅会尽力满足顾客的各方面需求，还会与顾客建立良好的互动关系。

直复营销8种类型

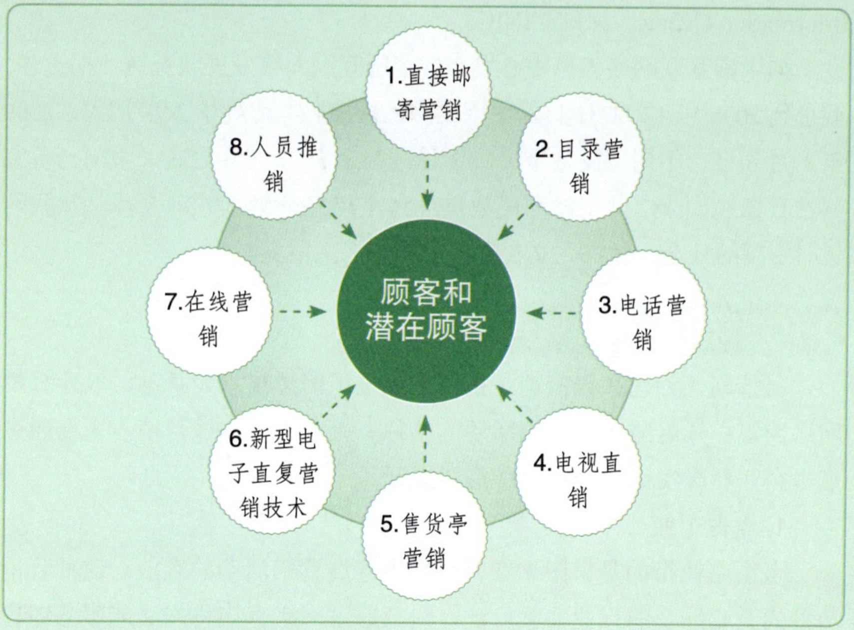

在线营销概述

现代社会是数字化时代、互联网时代，网络的广泛应用已经为企业和顾客带来了巨大的利益。点击企业和虚实结合企业，成为在线营销的主要形式。

互联网概述

当今社会，80% 的成功交易都是在互联网上实现的。互联网是一个规模巨大的公共电脑网络系统，它将世界上的每一个人，以一个巨大的信息存储器为媒介联系在一起。互联网已经从根本上改变了顾客的消费理念，包括对速度、价格、产品或服务信息等理念。

中国互联网络信息中心是经国家主管部门批准，于 1997 年 6 月 3 日组建的管理和服务机构，其英文全称为 China Internet Network Information Center，简称 CINIC。

据中国互联网络信息中心发布的中国互联网络发展状况统计报告称，截止到 2008 年 12 月 31 日，中国的网民规模已经达到了 2.98 亿人，2009 年 1 月 6 日，中国网民数量突破 3 亿，截至 2011 年 3 月底，中国已备案网站数量达到 382 万个，网民数量达到 4.77 亿，继续领跑全球。互联网正对中国的社会、经济、文化等各个领域产生巨大影响。

在线营销的两种形式

科特勒认为，在线营销是指企业以电子信息技术为基础，以计算机网络为媒介开展的各种营销活动的总称。企业进行在线营销，主要通过点击企业和虚实结合企业两种形式展开。

1. 点击企业

点击企业指的是只限于在互联网上开展营销活动的企业。这种营销类型的企业涉及的行业非常广泛，包括通过网络直接将产品或服务销售给最终用户的电子零售商，比如美国最大的网络电子商务公司亚马逊公司和美国在线旅游公司艾派迪公司；搜索引擎和门户网站，比如百度、雅虎、谷歌等；交易网站，比如易趣、SEDO等；内容网站，比如大英百科全书在线、ESPN、《纽约时报》网络版等。

Easy-going

科特勒提醒我们，在线营销和传统营销兼行的企业往往在线营销的销售额比传统营销的销售额高。

点击企业的成功营销，让很多现有的实体经销商看到了商机，他们纷纷重新审视自己的营销方式，寻找新的方式，以服务消费市场。现在，几乎所有的公司都将传统的实体营销模式改变为在线营销模式，要想找到一个没有开展在线营销的公司是很困难的。

2. 虚实结合企业

虚实结合企业指的是企业既实行在线营销，也进行传统营销的企业。事实上，既在网上营销，又采取传统营销方式，是大多数企业的做法。研究证明，实行在线营销与传统营销的企业比只实行在线营销的企业，销售额会大幅度提高。在美国最新评出的最成功的十大在线营销网

小故事

世界最大的电子商务企业之一欧迪办公就是既实行在线营销，又实行传统营销，但是，在线营销的增长速度远远大于传统营销。现在，欧迪办公的在线营销额已经占到它全部销售额的29%。

欧迪的在线营销并没有影响其传统的店铺营销，相反，在线营销的方式极大地帮助了消费者寻找最近的店铺，了解最新的库存状况。反过来，传统的店铺营销，也促进了在线营销。比如，如果消费者在欧迪办公的店铺中没有找到想要的产品，他就会通过该公司的售货亭，上网寻找想要的产品。

站中，只有两家仅实行在线营销，而其他八家既实行在线营销也实行传统营销。

在线营销虽然以虚拟市场的方式缩小了企业之间的竞争差距，但是对企业的物流水平与能力提出了更高的要求。在我国，真正拥有全国物流能力的企业寥寥无几，特别是数量众多的中小企业，物流能力不强，不能及时地与网络用户实物交割。因此，想要发展在线营销，先要发展企业的物流能力。

除此之外，我国企业信息管理与分析能力与发达国家的企业还有一定的差距，而且缺少既懂网络技术又懂营销管理的复合型人才，这在一定程度上制约了我国企业在线营销的发展。

在线营销

在线营销

以电子信息技术为基础，以计算机网络为媒介，开展的各种营销活动。

→ 在线营销的两种形式

点击企业
只限于在互联网上开展营销活动的企业

虚实结合企业
既进行在线营销，也进行传统营销的企业

More

有一种现象非常有趣，就是那些所谓“枯燥”的商业网站，往往比那些黄金时段播出的电视秀、纸质杂志和大众网站更受到人们的追捧。比如，宝洁和联合利华其实并不在线营销很多东西，可是这两家公司的网站每个月分别有大约600万和300万的美国访问者。这个访问量甚至超过了大多数电视名的收视率。

在线营销的范围

科特勒将在线营销的范围分为四个方面：企业对消费者（B2C）、企业对企业（B2B）、消费者对消费者（C2C）和消费者对企业（C2B）。每一个方面，都有各自的特点。

企业对消费者

企业对消费者（business- to -consumer，B2C）指的是由企业发起的对消费者开展的在线营销。企业主动进行在线营销，将产品或服务直接销售给最终用户。今天的企业可以在线营销几乎所有的东西，从衣服、鞋袜，到电脑、汽车，从新产品到二手商品。

美国 65% 的互联网用户利用网络购买商品，2007 年，企业在线营销额达到了 2 590 亿美元，与 2006 年相比，增长了 18%。现在，美国的在线营销额占到全部营销额的 27%。因此，很多聪明的企业利用多种渠道，针对规模庞大的互联网用户开展在线营销，以获得良好的企业效益。

企业对企业

企业对企业（business- to -business，B2B）指的是由企业发起的对企业开展的在线营销。企业对企业的营销者可以利用 B2B 网站、在线交易网、在线目录、电子邮件或其他的渠道开展在线营销。比如 B2B 企业可以登录 www.sun.com（太阳微公司的网站），获取销售和服务信息，对目标市场的企业开展它们的主要业务。

B2B 企业不仅可以对目标企业在线营销它们的产品或服务，还可以利用 B2B 网络，与重要的企业顾客建立良好的顾客关系。比如，戴尔公司为其 113 000 多个企业顾客建立了个性化的网站，这些网站可以让戴尔的企业顾客与戴尔进行交易。

消费者对消费者

消费者对消费者（consumer- to -consumer，C2C）指的是由消费者发起的对消费者开展的在线营销。这个范围内的在线营销，是品牌或主题爱好者群体之间开展的在线沟通和交流。对于个人来说，在线营销是一个非常友好的工具，它可以使一个人很方便、快捷地从另一个人那里购买或交换产品和信息。

Easy-going

在日本和中国台湾等地，将利用博客开展B2B在线营销的方式称为部落格营销，其实也就是将英语单词blog直接进行音译。我们最常听说的博客有新浪博客、网易博客、雅虎博客等。

C2C在线营销最典型的例子就是网络博客（blog）。博客是人们在线发表想法、传达思想的工具。博客的内容涉及很多方面，从国家大事到家庭纠纷，从发射航天飞机到汽车制造，包含方方面面。

很多企业进入博客领域，邀请博客作者在已发表的博客中打广告，或者是影响其博客内容。还有的企业自己建立博客，比如通用汽车公司就建有自己的博客，指派专门的管理人员进行撰写。

消费者对企业

消费者对企业（consumer- to -business，C2B）指的是由消费者发起的对企业进行的在线营销。C2B在线营销并不是消费者将产品或服务销售给企业，而是消费者利用网络主动寻找卖家，获取产品或服务的相关信息，进行消费，并给予企业反馈，而不是等着企业来邀请自己。

随着互联网的普及，越来越多的消费者可以选择利用网络进行购物，消费者可以利用网络直接与企业达成交易，不需要通过其他复杂的媒介。C2B在线营销使消费者拥有更多的自主权和选择权，网络上几乎可以找到任何产品。比如，消费者想买一个书包，他可以通过网络搜索到几乎全部关于书包的产品信息，然后将这些信息进行对比，从中选择出最适合自己的。

在线营销范围的四个方面

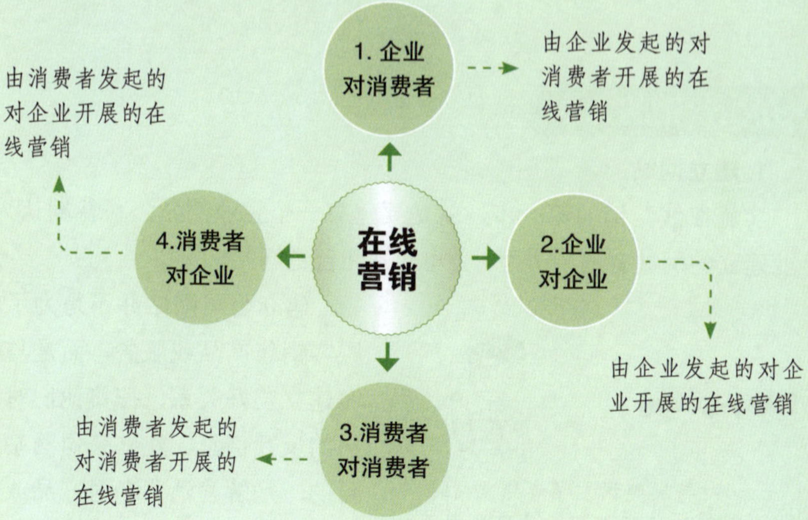

More

滴滴打车——有钱任性

微信的滴滴打车投入10亿元巨额补贴打起营销战，众多中小规模的打车软件纷纷落马。滴滴打车与微信支付合作已经启动第三轮营销，不仅将立减的金额从5元涨回到了10元，而且推出了新用户首单立减15元的优惠；在今年的情人节、感恩节等节日里发出大量红包，后又推出“四个小伙伴三个用滴滴”等一系列营销手段，着实实惠了价格战中的乘客和司机，用户活跃度高居不下。

在线营销的方式及其优劣势

科特勒说，企业可以通过四种方式开展在线营销：建立网站、发布在线广告、建立或参与在线社交网络和使用电子邮件。

在线营销的方式

1. 建立网站

实施在线营销的第一步，就是要建立一个企业网站。科特勒认为，企业建立的网站有两种类型：公司网站和营销网站。

建立公司网站并不是为了向顾客销售产品或服务，而是与顾客建立友好关系，搜集他们对公司的反馈信息。建立公司网站的目的，是解答消费者对产品或服务的疑问、与消费者建立良好的互动关系、培养顾客对公司品牌的忠诚度及为顾客提供其他的服务或信息。建立营销网站当然是为了开展在线营销，利用网络将产品或服务销售给最终消费者。

Easy-going

科特勒建议营销者建立网站时要密切注意有效网站设计的7个方面：背景、内容、社区、定制、沟通、联系和商业。为了保证顾客再次访问营销网站，公司还需要不断对网站进行改善。

需要注意的是，企业建立网站是一回事，网民访问网站又是另外一回事。企业建立的网站一定要新颖独特，才能够吸引广大网民的眼球，而且要能提供丰富的、对顾客有价值的信息。否则，即使网站是世界上独一无二的，没有网民的访问同样不会给企业带来销售额。

2. 发布在线广告

科特勒将企业发布的在线广告分为三类：展示广告、间隙广告和相关搜索广告。

①展示广告可以在网页屏幕的任务栏看到，但是在通常情况下，这类广告会出现在网页的上下左右四个角落或者是网页正中间。比如，访问新浪网的首页，会看到几个横幅广告，“国美电器，见证低价奇迹”，或者是“环球北美考试院，30天保过托福”。

②间隙广告指的是在网页变换之间，或者是新的网页正在加载的时候出现的广告，这种广告往往是自动弹出的。比如，访问某个团购网时，会自动弹出一些其他赞助商的广告，或者是游戏网页，或者是企业网站。但是这种自动弹出的间隙广告往往会给网民带来很多困扰。

③相关搜索广告指的是出现在搜索结果网页上的相关广告。比如，如果在百度上搜索“苹果”，在搜索结果网页的右面，会出现8个或者更多的与苹果相关的广告。

3. 建立或参与在线社交网络

社交网络，比如说聚友网，为广大的网民提供了一个集会、社交、交流的场所。企业可以通过参与已有的社交网络，或者是建立自己的社交网络，开展在线营销。比如，全球大型连锁快餐企业汉堡王在聚友网上进行网络社交，目前已经与超过12万个好友建立了良好的顾客关系。又如，可口可乐公司自己建立了一个社交网络“雪碧电话网”，在这里，用户可以建立个性网页、上传照片、结交新朋友，很好地提高了顾客对可口可乐品牌的忠诚度。

4. 使用电子邮件

最新的在线营销研究发现，到目前为止，全世界有超过一半的企业是通过电子邮件与顾客进行交流的。1999—2011年，美国企业在电子邮件营销上花费的成本从1.64亿美元猛增到15亿美元，而且仍然以20%的速度增长。

但是，电子邮件的爆炸式增长导致了大量“垃圾邮件”的出现，这惹怒了很多消费者。为解决垃圾邮件问题，各国纷纷采取措施，实行准许式电子邮件营销，即在获得顾客准许的前提下，向其发送电子邮件。

在线营销的方式

- 1 建立网站
  - 公司网站：不销售产品，只建立顾客关系
  - 营销网站：在线销售产品或服务
- 2 发布在线广告
  - 展示广告：可以在网页屏幕的任务栏看到
  - 间隙广告：在网页变换时自动弹出的广告
  - 相关搜索广告：出现在搜索结果网页上的相关广告
- 3 建立或参与在线社交网络
  企业可以建立或参与社交网络，建立顾客社交群体
- 4 使用电子邮件
  在顾客准许的前提下，向其发送有关企业产品或服务的电子邮件

在线营销的优势与劣势

1. 优势

所有商家一律平等。网络是自由、开放的，各商家能够平等地参与竞争。每一个商家都可以建立自己的网站，都可以在得到允许的情况下在网站上发布自己的商品信息，都可以平等地与客户建立一种相互信任的长期关系。迄今为止，在线营销是最理想的营销手段，它的效果也是最理想的。

提高企业营销效率。企业在产品定位、产品设计和产品生产等每个阶段，都能随时、充分地吸纳顾客的要求和观点，而且顾客的使用心得可以通过互联网快速地在产品定位、产品设计和产品生产中反映出来。这就使企业与顾客之间的“距离”达到了最小。

2. 劣势

在线营销也是有劣势的，这种劣势集中表现为大多数顾客消费观念没有转变，在线营销没有得到普遍认可。具体表现为顾客个性消费的回归性不强，顾客消费的主动性不强，顾客对消费乐趣的追求不高。

在线营销的优势与劣势

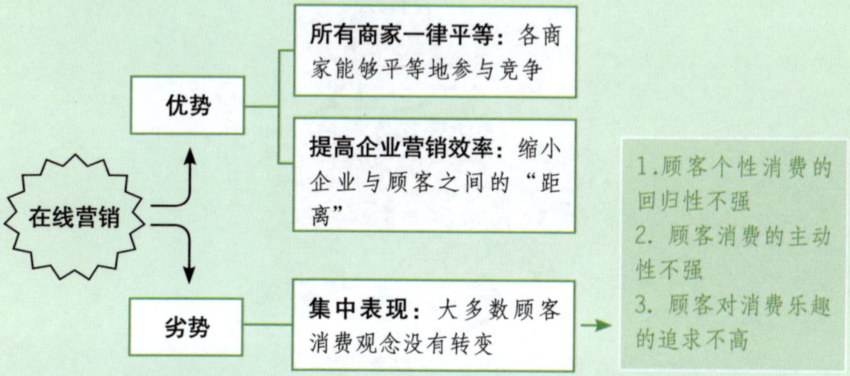

More

还有一种在线营销的方式，就是“病毒营销”，也就是网络版的口碑营销。病毒营销者会创立一个网站、视频、音频或其他事件，在线发布。这个事件有极大的吸引力，网民很乐意将其传达给朋友。比如，汉堡王在其公司网站了制作了一只谄媚鸡，只要网民输入一定的指令，这只鸡就会听从指令，做出相应的行为，如跳舞、下蛋等。因为这只谄媚鸡，这个网站创造了每天高达 100 万次的访问量，使汉堡王这个品牌在线宣传达到了极点。

第10篇

全球营销和全球市场

市场环境的全球化使很多企业开始在全球市场开展全球营销。相对于本国市场与本国营销，全球市场有什么特别之处吗？企业该怎样开展全球营销呢？

本篇教你：

- 什么是全球营销
- 全球市场是什么
- 如何选择全球市场
- 怎样进入全球市场
- 全球营销计划的确定

全球营销

企业要对全球营销有一个比较全面的了解，而且在开展全球营销之前，必须对全球营销市场进行深入的审视。

全球营销概述

全球营销，顾名思义，就是企业以全球为市场开展的营销活动。科技的发展使时空距离迅速缩小，比如，美国的企业人员可以开着德国宝马车去中国的茶馆，与用着芬兰诺基亚手机的日本企业人员商谈资金流动的事宜。

如今很多企业在全球营销中取得了很大的成功。全球轮胎科技的领导者法国米其林轮胎公司就是一个典型的例子。虽然米其林总部在法国，但是公司营销额的 35% 来自北美市场。

Easy-going

全球营销给企业带来巨大成功的同时，相应地也会给企业带来一定的风险。开展全球营销的企业，可能会面对当地政府苛刻的政策、法规和不稳定的贸易壁垒。

全球营销的典型代表就是跨国公司。跨国公司是指在两个或两个以上的国家开展营销活动的企业。跨国公司往往在研发、生产、服务、营销和财务等方面，比单国经营企业有很大的优势。比如，全球最大的电梯制造商美国奥的斯公司，从法国购买电梯门系统，从西班牙购买小齿轮，从德国购买电子组件，从日本购买发动机系统，在美国本土只做系统组装。而且，奥的斯公司近 3/4 的销售额来自海外，本国的销售额仅占 1/4。

审视全球营销环境

在企业开展全球营销之前，要对全球营销环境进行全面的审视。科特勒认为，企业可以从以下四个方面来审视全球营销环境。

1. 国际贸易环境

现在的国际贸易环境纷繁复杂。一家企业在发展全球营销时，可能会遇到一系列的贸易问题。外国政府为了提高税收，或者保护本国的民族企业，对进入本国的跨国企业征收高额的关税。除此之外，还会遇到一些非关税贸易壁垒，比如中国规定，任何外国银行入股中国银行，其份额不得高于25%，这就使外国企业在中国银行业中没有话语权。

Easy-going

世界贸易组织，简称WTO，其基本职能是管理和执行共同构成世贸组织的多边及诸边贸易协定、作为多边贸易谈判的讲坛、寻求解决贸易争端、监督各成员贸易政策，并同其他的与共同制定全球经济政策有关的国际机构进行合作。

2. 经济环境

全球营销企业在进入某一个国家进行营销活动时，有必要先研究这个国家的经济环境。科特勒说，企业可以从产业结构方面来研究特定国家的经济环境。

全球的产业结构可以分为四类：自给自足型经济、原材料出口型经济、工业化型经济和工业型经济。

自给自足型经济：人们通过简单的农业劳动就可以满足自己在生产上的需求。这种产业结构的国家市场机会很少，全球营销企业一般不予考虑。原材料出口型经济：出口一种或多种本国储量丰富的资源，如沙特以出口石油为主。这种产业结构的国家拥有巨大的大型装置、卡车、工具和物料市场。工业化型经济：以制造业为主，需要进口数量庞大的原材料。这种产业结构的国家创造了很多富有的阶层，拥有良好的奢侈品市场。工业型经济：主要出口制成品、服务器和资金，这种产业结构

小故事

在拥有 13 亿人口的中国，虽然仍有大量的人仅能维持温饱，但是众多的豪华奢侈品却纷纷涌入中国市场。瑞士豪华钟表生产商“卡地亚”说:“即使是中国的中型城市也比瑞士人多，因此即使在这些城市里能消费得起我们产品的人口比例很小也不要紧。”而且，受中国经济繁荣发展的影响，中国富人正在迅速增加，对奢侈品的需求也会越来越大。

的国家贸易对象极其广泛，各种产品都有广阔的市场。

3. 政治和法律环境

不同的国家拥有不同，甚至是完全相反的政治和法律。开展全球营销的企业必须充分考虑目标国家对全球营销的政治和法律态度。

有的国家很乐于接受外国企业，比如新加坡、泰国等。这些国家很欢迎外国投资者，并给予它们特殊的待遇和很好的经营条件；但是，有的国家则不太欢迎外国企业，比如印度，它实行进口配额、货币限制等政策，阻碍外国企业进入。

4. 文化环境

每一个国家，每一个民族，都有各自独特的社会习俗、道德伦理和禁忌，这是每一个开展全球营销的企业不得不考虑的重大问题。如果考虑不周，触犯了该国的禁忌，可能会给全球营销的企业带来灭顶之灾。

企业进行全球营销也要考虑国家之间的文化差异。比如，日本人谈生意时就很有趣。美国经理在和日本人谈生意时，总是喜欢面对面地谈判，直奔主题，这让许多日本人很是吃不消，因为日本的生意人认为这样做是无礼的。日本经理在和美国人谈生意时，总是喜欢先“客套”地进行一番友好的谈话，这让美国人很是郁闷，但又不得不无奈地听下去，直到引入主题。美国人总是抱怨:“与日本人做生意，总是让我们觉得不够爽快。”

审视全球营销环境

全球营销环境

- **国际贸易环境** → 注意遇到的贸易问题，特别是关税政策和非关税贸易壁垒
- **经济环境** →
  - **自给自足型经济：**市场机会很少，一般不予考虑
  - **原材料出口型经济：**拥有巨大的装置、卡车、工具和物料市场
  - **工业化型经济：**原材料市场和奢侈品市场巨大
  - **工业型经济：**各种产品都有广阔的市场
- **政治和法律环境** → 要充分考虑目标国家对全球营销的政治和法律态度
- **文化环境** → 要充分考虑目标国家的社会习俗、道德伦理观念和禁忌

More

大部分的全球营销进行的是现金交易。但是很多国家没有足够的硬通货来进行直接的现金交易，于是一种新型的营销方式——“对销贸易”就产生了。对销贸易是指交易双方进行产品或服务的交换，而不是使用现金直接购买。比如说，阿塞拜疆用原油交换罗马尼亚的小麦，越南用大米交换菲律宾的化肥和椰子。

全球市场

企业进行全球营销，需要考虑是否要进入全球市场，还要考虑进入哪个目标市场。只有做了正确的决策，企业才能在全球营销中获得最大的收益。

决定是否进入全球市场

开展全球营销的企业面临的挑战和风险，要远远高于只在本地开展营销活动的企业。大部分企业只需要在本国市场进行营销活动就够了，根本没有必要去冒险进入全球市场。

有几方面的原因，可能会将只局限于本国市场的企业引向全球营销市场。

Easy-going

在有些情况下，企业是迫不得已才进入全球市场的。有时候是企业的国内出口商、国外进口商的要求；有时候是企业生产能力过剩，需要额外的市场进行营销。

一是对于只从事国内市场营销的企业 A 来说，如果全球营销企业 B 凭借物美价廉的产品或服务，占领了企业 A 的国内市场，那么企业 A 就不得不开拓新的海外市场，减少从而竞争压力。或者企业 A 选择向企业 B 的本国市场开展营销活动，从而回击企业 B 占领的市场份额。

二是企业 A 的国内市场已经收缩或停滞，而国外市场有很高的销售额和利润潜力。在这种情况下，企业 A 选择全球市场开展营销是很明智的。

三是企业 A 的国内忠实顾客由于某种原因去了国外，对于企业 A 来说，就不得不进行国际服务。

企业在进入全球市场开展营销时，必须要进行全面评估。比如说，企业是不是有能力向全球市场提供有竞争力的产品或服务，企业是不是能够适应目标市场国家的文化和政治、法律，企业是否了解目标市场国家顾客的消费习惯，等等。只有这一系列的问题都解决了，企业才能考虑是否要进入全球市场。

决定进入哪个市场

企业在选择国际市场开展全球营销时，一定要格外小心。

首先，企业要决定进入的国家的数量。进入的国家不能过少，否则影响企业利润；更不能过多，否则将超出企业的产能。

其次，决定进入的国家的类型。不同类型的国家有不同的营销环境。比如，企业进入非洲，只需营销一般的产品即可，但是进入美国市场，就需要营销具有一定科技含量的产品。

再次，对选出的国家谨慎地进行评估，进一步选出最适宜的国家。比如，需要考虑企业的产品是否能和该国知名品牌相竞争，企业能否应对该国的巨大的文化差异，该国的政府能否保持长期稳定的一贯政策，等等。

最后，经过一系列的评估，最终决定要进入的目标国家市场，开展全球营销。比如宝洁采用佳洁士牙膏品牌进入中国市场的决策，使几乎名不见经传的佳洁士拥有25%中国市场份额。中国庞大的人口数量，让宝洁成为世界上最大的牙膏营销商。

小故事

美国好莱坞支配着全球的电影市场，特别是在欧洲国家拥有高达90%的忠实观众。可是，英国电视剧正在对美国电视节目产生威胁，比如《谁想成为百万富翁》和《美国偶像》。大名鼎鼎的《哈利·波特》的作者是英国人罗琳，虽然这部电影是美国华纳兄弟电影公司拍摄的，但是演员全部是英国人。此外，现在越来越多的美国孩子知道了日本的《恐龙战队》和《神奇宝贝》等。

决定进入哪个市场的步骤

1 决定进入的国家的数量

进入的国家的数量不能过少，更不能过多

2 决定进入的国家的类型

不同类型的国家有不同的营销环境

3 评估每一个市场

谨慎地评估每一个市场，选出最适宜的国家

4 最终决定要进入的目标国家市场

经过一系列的评估，决定进入目标国家市场，展开营销活动

地区性贸易组织

为了能够顺利地进入别国市场，展开全球市场营销，国家之间通常会建立一些地区性的贸易组织。这些地区性的贸易组织最典型的有三个，它们是欧盟、北美自由贸易区和亚太经合组织。

欧盟，英文全称 European Union，简称 EU，是一个集政治、经济于一身，在世界上具有重要影响的区域一体化组织，现有 28 个成员国，总部设在比利时首都布鲁塞尔。

欧盟的宗旨是“通过建立无内部边界的空间，加强经济、社会的协调发展和建立最终实行统一货币的经济货币联盟，促进成员国经济和社会的均衡发展”。

北美自由贸易区，英文全称 North American Free Trade Area，简称 NAFTA，是一个经济组织，由美国、加拿大和墨西哥 3 个国家组成。成立的标志是三国签署的《北美自由贸易协定》，该协会是 1994 年 1 月 1 日正式生效。

北美自由贸易区的 3 个成员国之间互相流通的货物减免关税，以此来消除贸易障碍。对成员国以外的国家，仍然维持原贸易关税。

亚太经合组织，英文全称 Asia-Pacific Economic Cooperation，简称 APEC，是一个松散型的贸易组织，目前有 21 个成员。该组织成立于 1989 年，1993 年正式更名为亚太经合组织。

APEC 精神可以用七个词来形容：开放、渐进、自愿、协商、发展、互利和共同利益。

三个典型的地区贸易组织

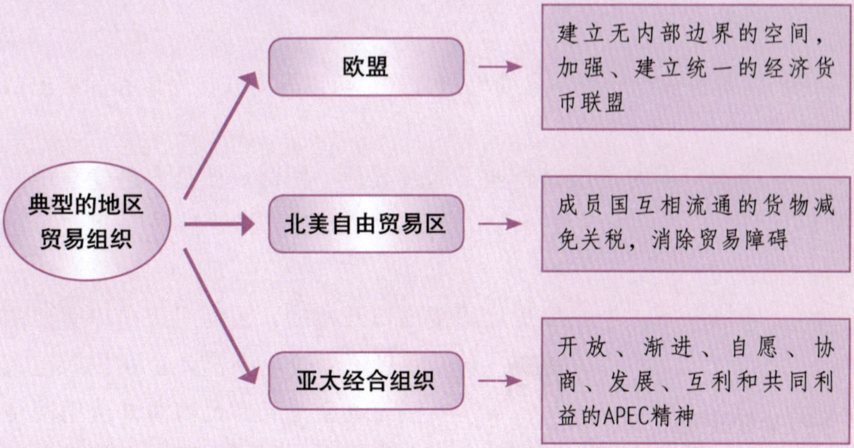

More

企业在选择全球市场时，应按照以下因素进行评估：市场规模、市场增长率、营业成本、竞争优势和风险水平。通过测定目标国家的人口统计特征、地理特征、社会文化因素、政治及法律因素和经济因素，确定每个市场的潜力。而且，全球营销者还有必要确定哪些国家的市场可以提供最多的长期投资回报。

进入全球市场的战略

企业最终选择了要进入的市场，但这远远不够，还需要确定进入市场的方式。科特勒认为，企业可以在出口、组建合资公司直接投资三种战略中选择。

出口

出口是进入全球市场最简单的方式，可以分为直接出口和间接出口两类。

直接出口指的是出口企业不通过其他中间商，而是自己建立中间商进行出口。间接出口是指出口企业通过独立的国际贸易中间商进行出口。

一般情况下，企业都是从间接出口开始的。因为间接出口需要的投资较少，不需要企业投入巨大的资金建立自己的海外营销网络或组织，而国际营销中间商会提供既有的营销方案与服务，因此，企业会较少犯错，承担的风险也小。

Easy-going

企业可能是被动地出口自己生产过剩的产品，也可能是积极地参与对外市场的出口。不管是哪种情况，都有可能改变出口市场的生产结构。

间接出口只是权宜之计，企业最终还是要走上直接出口的道路，因为每一家企业都希望自己能够控制出口。直接出口需要的投资较多，企业要承担的风险也比较大，相应的，企业获得的回报也是比较丰厚的。

企业往往通过以下几种方式开展直接出口：

一是企业在国内建立出口部门，管理出口活动。

二是企业在海外建立销售分公司，管理出口产品的销售、分销和促销活动。

三是企业派遣国内的销售人员出国考察，寻找海外业务。

四是企业可以兼并、收购国外分销商或代理企业，实现出口。

组建合资公司

进入全球市场的第二种战略就是组建合资公司，也就是与外国企业合作生产或营销某种产品或服务。组建合资公司与间接出口的不同之处在于，企业不是与国际贸易中间商合作出口产品，而是与外国企业合作共同生产或营销产品；与直接出口的不同之处在于，企业不是直接面向海外目标市场进行出口，而是与国外某个企业建立合作关系。

科特勒说，现在企业一般通过四种类型组建合资公司。这四种类型是：许可经营、合同制造、合同管理和共同所有。

许可经营是指跨国企业和受许企业达成一定的协议，从而进入受许企业国家市场的经营方式。受许企业往往通过付费或交税的形式，拥有企业的一些项目权利。比如，可口可乐公司许可授权全世界的瓶装商，为这些瓶装商提供它们所需的原料和技术，开展全球营销；日本东方株式会社获得迪士尼乐园的许可授权，在日本经营。

Easy-going

许可经营有一个很大的缺点就是，如果受许企业非常成功，跨国企业可能会损失一部分利润，而且，当合同结束后，还会发现，自己培养了一个非常有力的竞争者。

合同制造是指跨国企业与当地企业签订合同，生产产品或提供服务。通过签订合同，跨国企业可以在全球营销过程中快速起步，以较低的风险与当地企业建立伙伴关系，而且还有机会并购当地的一些制造商。比如，曾经是世界最大的私人零售企业的美国西尔斯公司采用合同制造的方式，授权当地可靠的厂家生产它的大部分产品，并在当地进行零售。

合同管理是指跨国企业与当地企业签订合同，通过出口服务而不是产品，开展全球营销。合同管理也是一种低风险进入国外市场的方式，还可以购买管理企业的部分股份，因此，这种管理方式有很大的吸引力。比如，“旅店帝王”希尔顿就是采用这种方式管理全球的酒店。

共同所有是指跨国企业与当地企业共同建立企业，双方共同享有所有权和控制权。跨国企业可以购买当地企业的股份，也可以与当地企业共同建立一个新的企业。比如，肯德基和日本三著集团共同建立了一家合资公司，从而进入了日本这个半封闭的市场，开展全球营销。

直接投资

直接投资指的是跨国企业直接在外国市场进行投资，这种营销战略可以实现最大限度地进入国外市场。跨国企业通过在国外市场直接投资建厂，可以获得更为廉价的劳动力和原材料，还可以降低运输成本。

直接投资主要有两种形式：在国外直接建立分支企业和购买国外企业一定比例的股权。直接投资的最大的特色是投资者对投资的企业享有永久利益，这就意味着直接投资者与企业之间存在着长期的利益关系，而且可以对企业的经营管理施加相当大的影响。

由于在国外市场投资建厂，可以为当地创造就业机会，因此，这种营销战略往往会得到外国政府的支持，进入障碍比较小。比如，中国改革开放之初，通过一系列的优惠政策，吸引一些跨国企业来到中国投资建厂。

小故事

美国第一大职业篮球赛事 NBA，就是进入全球市场开展全球营销的典范。在过去的 20 年里，NBA 在第四任总裁大卫·斯特恩的带领下，成功进入了全球市场，成为真正的全球营销的企业。NBA 的收入中，有 10% 是来自许可经营，而且，斯特恩投入巨资打造海外市场，包括中国香港、法国巴黎和日本东京等。目前，NBA 有超过 100 位全球工作人员，是 20 年前的两倍。NBA 在全球市场中大有斩获。

全球市场的进入战略

① 出口
- 直接出口：企业自己建立中间商，进行出口
- 间接出口：企业通过独立的国际贸易中间商，进行出口

② 组建合资公司
- 许可经营：跨国企业和受许企业达成协议，进入受许企业国家市场
- 合同制造：跨国企业与当地企业签订合同，生产产品或提供服务
- 合同管理：跨国企业与当地企业签订合同，通过出口服务，开展营销
- 共同所有：跨国企业与当地企业共同建立企业，共享所有权和控制权

③ 直接投资
- 跨国企业直接在外国市场进行投资

More

通过共同所有的方式组建合资公司，可以弥补企业的一些缺陷，实现企业与企业之间的优势互补。企业可能在资金、物资和管理方面有很大缺陷，但是可以通过与在资金、物资和管理方面有很大优势的外国企业开展合作，共同组建合资公司，从而弥补本企业的缺陷。

确定全球营销计划

科特勒认为，全球营销计划的确定有全球标准化营销和全球本地化营销两种极端。企业可以从产品、促销、价格和分销渠道四个方面确定营销计划。

确定全球营销计划的两个极端

科特勒认为，企业确定全球营销计划时，有两个极端，一个是全球标准化营销，另一个是全球本地化营销。

顾名思义，全球标准化营销是指企业在全球范围内，实施相同的营销组合和营销战略。全球本地化营销是指企业在全球范围内，根据每个目标市场，实施本地化的营销组合和营销战略。

全球标准化营销和全球本地化营销，哪个营销计划更好一些，不同的专家学者有不同的观点。

Easy-going

当今，绝大部分的跨国企业，都实行“思考全球化，而行动本地化”的营销计划。即跨国公司提出全球化的战略方向，各地区部门根据地区差异，制定具有针对性的具体营销方案，以寻求全球化和本地化之间的平衡。

有的专家学者认为，由于科学技术和互联网的快速普及和发展，世界变得越来越“小”，“地球村”正在形成，这使得全球的顾客在消费需求上趋于相似，甚至是相同。因此，他们认为，实施全球标准化营销计划更好一些。

但是有的专家学者认为，尽管世界在“缩小”，全球消费者的需求趋于相同，但是，不同的国家市场中的消费者在文化背景、产品偏好、购买力和购买方式等方面仍有很大的不同。因此，他们认为，企业应该根据每一个目标市场消费者的独特需求，制订具有针对性的营销计划。

确定全球营销计划的原因

科特勒认为，现在越来越多的企业之所以会确定全球营销计划，主要原因有以下四点。

1. 产业的全球化

当今世界经济正在从工业经济时代走向知识经济时代，以高新技术产业为主的知识经济在快速崛起。知识产品企业从一开始就以全球市场为营销目标，开发能够满足大众需求的标准化产品，通过在全球市场中的大批量销售来弥补研究开发成本，并从中获取高额利润。因此，知识经济必然是全球经济，知识产业的营销必然是全球营销。

2. 市场的全球化

随着世界贸易组织的建立，当今世界各国政府对外国产品及外国公司的直接投资限制逐渐放宽，国际贸易迅猛发展。欧盟、北美自由贸易区和亚太经合组织的出现及发展，在经济上淡化了国界，走向区域经济一体化。这一切都降低了世界经济、政治、法律环境的差异性，使很多

小故事

LG 集团：凭借本地化走向成功

韩国电器制造商 LG 集团开发出了专门用于储存泡菜的冰箱，这种冰箱有一个专门储存泡菜的隔离空间，与冰箱内的其他食品隔离开来，从而有效地解决了泡菜储存在水箱里的气味问题。如今泡菜冰箱已经成为 65% 的韩国家庭必备的电器。

LG 集团将这种本地化的策略同样应用于全球市场。在印度，LG 开发了一种能储存大量蔬菜和水果、符合印度当地人颜色偏好的冰箱。除此之外，还开发了一种能外放的音乐电视，以满足印度人用电视收听音乐的习惯。

国际公司在确定营销计划时，逐渐模糊了国界的概念。

3. 顾客的全球化

世界各国消费者的需求日益趋同，现在很多国家的人都喜欢喝可口可乐、吃麦当劳、穿牛仔裤、看卫星电视等，而且很多消费者都希望去世界各地购买他们熟悉的、值得信赖的品牌产品，同时享受到标准化服务。这就促使企业要确定全球营销计划，为这些顾客提供产品或服务，从而获取高额利润。

4. 竞争的全球化

全球市场的开放性使得本国企业不得不承受来自外国企业的压力，同时，进入外国市场的本国企业，也要与当地公司和跨国公司争夺市场。企业在面临全球竞争的环境下，如果不确定全球营销计划，开展国际竞争，会让自己处于劣势，甚至威胁到企业的生存。因此，竞争的全球化是越来越多的企业确定全球营销计划的重要原因。

确定全球营销计划

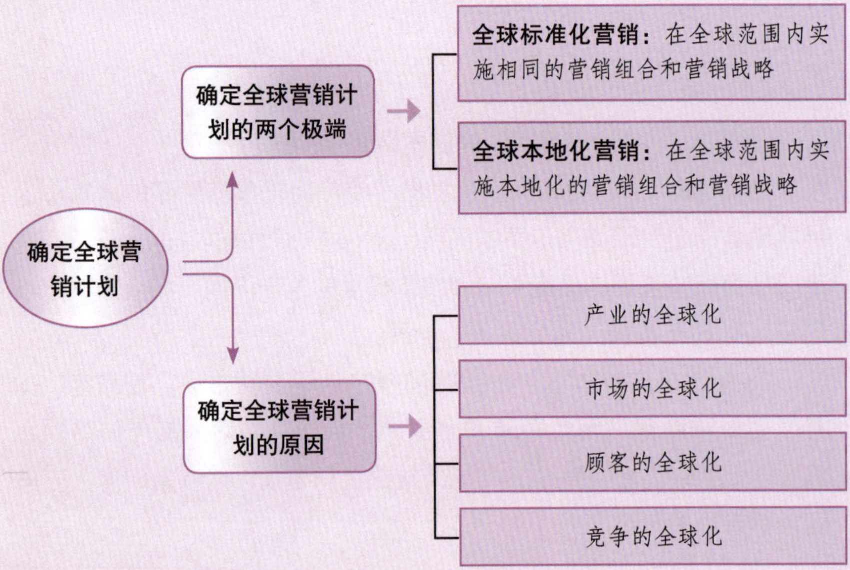

确定全球营销计划的四个方面

科特勒认为，企业可以从四个方面确定全球营销计划，它们是产品、促销、价格和分销渠道。

1. 产品

企业在全球营销计划的产品方面，可以从直接产品延伸、产品适应和产品创新三个角度开展。直接产品延伸是指企业对产品不做任何改变，就在国外市场进行营销。产品适应是指企业根据全球不同国家市场的特殊需求，对产品做适当的改变，以适应不同的市场需求。产品创新是指企业发明、创造一种新型产品，来满足某一或某些国家的独特需求。

2. 促销

企业进行的促销活动同样也可以分为全球促销沟通标准化和全球促销沟通本地化。全球促销沟通标准化是指企业在全球市场范围内，实施标准统一的促销战略。全球促销沟通本地化是指企业在全球市场范围内，针对不同国家的特殊需求，适当调整促销沟通战略。

3. 价格

除了产品和促销，企业还要考虑怎样在全球营销市场制定价格。在很多情况下，企业在本国销售的产品价格低于在国外市场销售的价格。这是因为，企业产品在进入国外市场的过程中，会在出厂价的基础上，加上运输费用、关税、批发商利润、进口商利润和零售商利润等。这些费用加起来可能是本国销售价格的2～5倍，但是企业获得的利润是相同的。

4. 分销渠道

开展全球营销的企业通常采用整体渠道进行分销。整体渠道分为：国家之间的渠道和国内渠道。国家之间的渠道指的是产品从产地销售到目标国家市场的过程。国内渠道指的是在目标国家市场范围内，将产品销售给最终消费者的过程。

确定全球营销计划的四个方面

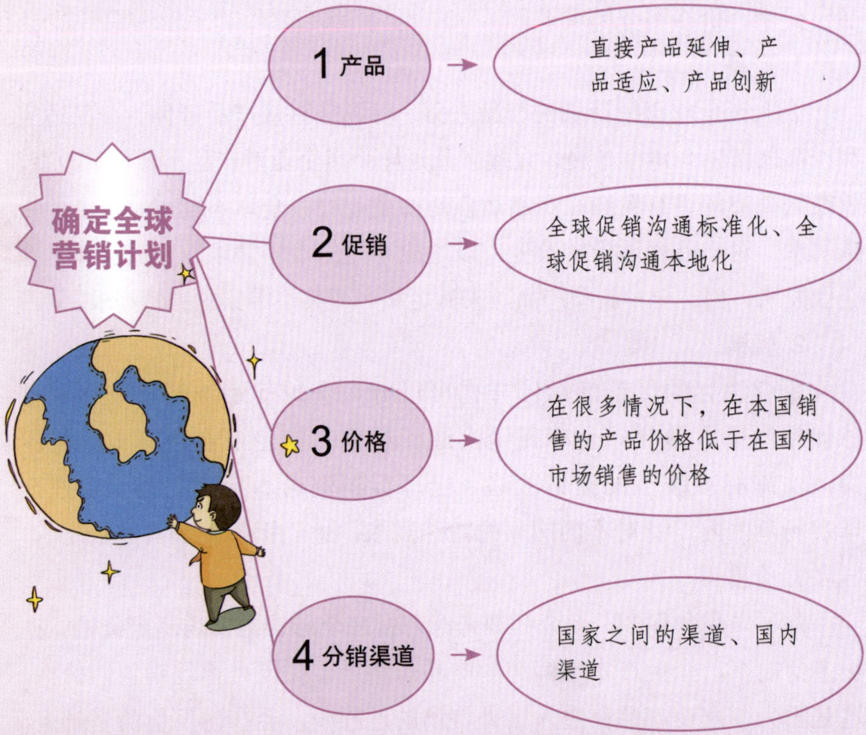

More

不同的国家对颜色的禁忌是不相同的。比如，白色会让日本人联想到丧服；紫色在大部分拉美国家代表死亡；绿色在马来西亚通常与丛林病有关。除此之外，微软出的Vista系统，在全球的统一名称为“Vista”，而在拉脱维亚，这个名称是对坏婆婆的贬称。因此，企业在确定全球营销计划时，一定要注意不同国家的不同习俗。